느린학습자를 위한

사회성 프로그램 친구 사귀기편

- 교사용 -

백현주 · 이승미 · 김향숙 지음

배움의숲

머리말

　아동기는 학교생활이 시작되는 시기로 사회성을 기르는 매우 중요한 시기이다.
　사회성은 아동이 친구를 사귀고, 또래와 건강한 관계를 유지하는 데 필수적인 기술로 자신감을 높이고, 공감 능력을 개발하며, 타인과의 갈등을 효과적으로 해결할 수 있는 힘이 된다. 사회성이 좋은 아동은 학교생활뿐 아니라 일상의 활동에 더 적극적으로 참여하고, 또래나 선생님과의 긍정적인 관계를 구축하는 경향이 있다. 또한 사회성을 통해 아이들은 자신의 감정을 이해하고 표현하는 방법을 배워 다른 사람의 감정을 인식하고 적절히 반응하여 다양한 상황에 더 잘 대처할 수 있다. 사회적 문제에 직면했을 때 문제를 해결하는 경험을 통해 적절한 대처기술을 익히고, 다양한 관점을 이해하는 능력을 키울 수 있다.

　이처럼 사회성은 아동의 전반적인 발달에 매우 중요하며, 이를 통해 아동은 더 건강하고 행복한 삶을 영위할 수 있다. 그러나 경계선지능을 가진 아동이나 다양한 이유의 느린학습자, 여러 원인의 심리적 문제가 있는 아동은 사회적 단서를 이해하고 해석하는 데 어려움을 겪고 상대의 감정을 이해하며 대화할 때도 어려움을 느끼는 경우가 많다. 언어 발달이 늦고 의사소통 기술이 부족하여 복잡한 사회적 상황에서 적절하게 반응하거나 자신의 생각과 감정을 표현하는 데 제한이 있기도 하다. 또한 감정조절에 어려움을 겪어 스트레스가 많은 상황에서 쉽게 좌절하거나 감정이 격해지기도 한다. 이러한 독특한 사회적 어려움과 부적응으로 또래 관계에서 소외감을 느끼거나 관계의 질이 떨어지기도 한다.

일상생활에서 사회성을 습득하는 일반 아동들과 달리, 이런 어려움을 겪는 아동들은 사회적 기술을 자연스럽게 습득하기보다는 명시적인 교육과 연습을 통해 배워야 효과적인 경우가 많다. 교사와 부모가 아동에게 사회적 상황을 설명하고, 적절한 반응을 가르치기 위해 더 많은 시간과 노력이 필요하다.

이 책의 시리즈는 사회성(감정, 의사소통, 친구 사귀기)을 한 걸음 더 성장하도록 돕기 위해 만들었다. 아동에게 친구는 사회적 기술을 발달시키는 데 도움을 주고, 정서적 지지를 제공해 주며 학교생활의 즐거움을 줄 수 있는 중요한 대상이다. 친구와 좋은 관계를 만들고 유지하면 아동의 자아존중감이 높아질 수 있다. 이에 〈친구 사귀기편〉에서는 친구와의 관계에서 자신의 생각과 감정을 정확하게 전달하는 자기표현의 방법을 시작으로 상대방의 입장에서 생각하고 느끼는 공감의 힘으로, 친구 사이의 신뢰를 쌓고 이해를 증진시키는 것을 경험하도록 하였다. 친구의 의견, 감정, 차이를 인정하고 받아들이는 존중의 태도, 갈등을 올바르게 해결하는 방법을 배워 친구 관계를 건강하고 긍정적으로 유지할 수 있도록 도왔다. 또한 감정카드를 통해 또래관계에서 건강한 감정표현을 돕는 감정카드 활용 방법을 수록하였다.

느리지만 천천히, 한 걸음씩 나아가는 느린학습자의 친구 사귀기가 자연스럽게 시작되고 성숙한 관계가 유지되어 아동의 사회성 향상에 도움이 되길 희망한다.

느린학습자를 위한
사회성 프로그램
친구 사귀기편

목 차

너를 알고 싶어 6

친구 지도 14

듣고 싶은 말 24

역지사지! 30

고래도 춤추게 하는 칭찬 39

따듯한 마음, 존중의 시작 48

함께! 다같이! 55

갈등? 문제가 아닌 기회! 63

갈등? 함께하면 답이 보여요 71

건강한 친구를 만들 수 있어요! 89

너를 알고 싶어

01 목적　자기 표현

02 목표　자신에 대해 표현할 수 있다.

　　　　　친구를 이해할 수 있다.

03 준비물　아동용 활동지, 색 펜이나 색연필, 필기구, 가위, 스티커

 활동내용

01 도입

- **프로그램 및 아동의 권리에 대해 안내하기**
  - 프로그램의 권리주체자가 아동임을 알립니다.
  - 참여 및 비참여, 선택의 권리가 아동에게 있음을 안내합니다.
  - 선생님과 친구 등 다른 사람의 인권도 존중해야 할 의무이행자임을 강조합니다.
- **사전검사 실시하기**

 "또래 관계와 관련된 척도를 사용해 사전-사후 검사를 하면 프로그램의 효과성을 알아보는 데 도움이 돼요."

- **약속 정하기**

1. 아동이 스스로 규칙을 정하도록 격려합니다.
2. 포스트잇에 규칙을 적어 모읍니다.
   한 장의 포스트잇에는 한 가지 규칙만 적도록 합니다.
3. 선생님도 집단원이 되어 규칙을 적어 냅니다.
   예) 다른 사람을 배려해요.
       적극적으로 참여해요.
4. 모두가 동의하는 규칙을 정합니다.
   - 한 친구라도 반대하는 규칙은 제외합니다.
5. 합의한 규칙을 〈우리의 약속〉에 기록하고 각자 서명합니다.
6. 프로그램에 기대하는 바나 건의사항 등 아동의 의견을 묻고 경청합니다.
   - 수용하기 어려운 의견이나 장난스럽게 말한 의견도 진지하게 경청하고, 건의를 들어줄 수 없는 이유를 친절하게 설명합니다.

- **아이스브레이킹 활동하기**
  ⇒ [부록]의 아이스브레이킹 활동을 선택해도 좋아요.

02 전개

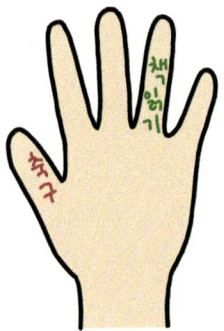

- **열쇳말 손가락**

1. 자신의 손을 본 떠 그리도록 합니다.
2. 자신을 나타내는 열쇳말을 다섯 손가락에 각각 적습니다.
3. 손 모양을 오려 집단원의 손 모양 그림을 모읍니다.
4. 한 사람이 손 모양 중 하나를 골라 손가락에 적힌 내용을 읽으면 다른 친구들은 그 손의 주인이 누구인지 맞춥니다.
5. 손 모양의 주인은 자신을 밝히고 열쇳말을 중심으로 자신에 대해 이야기 합니다.

 "자신을 나타내는 열쇳말 적기 활동을 안내할 때, 예(활발함, 책 읽기, 축구 등)를 들어 주세요. 아동이 더 쉽게 활동할 수 있어요. 열쇳말이 같은 경우, 해당 아동들이 하이파이브 하도록 안내해요. 서로 공통점을 발견할 때 친밀감이 높아져요. 손 그림을 색이나 그림, 스티커 등으로 꾸밀 수 있도록 해도 좋아요."

- **너와 나의 연결고리**

1. 각 아동에게 빙고 판을 주고, 각 칸에 적힌 질문의 답을 적도록 합니다.

취미	좋아하는 음식	좋아하는 운동
좋아하는 장소	꿈 / 하고 싶은 일	가보고 싶은 나라
잘하는 것	좋아하는 색	좋아하는 동물

2. 돌아가며 한 가지 칸의 주제와 적은 답을 말하고 같은 답을 쓴 사람이 있으면 함께 그 칸을 지웁니다.

   예) "내가 좋아하는 장소는 바다입니다."
   → 좋아하는 장소 칸에 '바다'를 적은 사람은 그 칸을 지웁니다.

3. 2줄 빙고를 먼저 완성한 사람은 빙고를 외칩니다.

"빙고 칸의 주제를 아동이 정하도록 해도 좋아요. 열쇳말 손가락 활동과 연결하여 활동하면 서로에 대해 더 잘 알고, 기억할 수 있고 연대감도 높아져요."

03 마무리

- **정리 및 소감 나누기**

1. 좋았던 것, 배운 것, 아쉬웠던 것, 다음 시간에 바라는 것을 나눕니다.
2. 오늘 알게 된 친구의 특징 중 인상 깊었던 또는 기억나는 한 가지씩을 말해보도록 합니다.
3. 열쇳말 손가락과 친구 관계 빙고의 주제를 기억해 친구에게 자신을 소개하거나 친구에게 질문하면 친구 사귀기를 시작하는 데 도움이 된다는 것을 알려주고, 시도해 보기를 격려하며 마무리 합니다.

04
활동지 1-1 우리의 약속

우리의 약속

나는 프로그램에서 다음과 같은 규칙을 지키겠습니다.

(예)

- 활동에 열심히 참여하겠습니다.
- 다른 친구들의 말을 잘 듣겠습니다.
- 수업 시간에 다른 친구를 비난하거나 놀리지 않겠습니다.

1. _____
2. _____
3. _____
4. _____

날짜: _____ 년 _____ 월 _____ 일
이름: _____ (서명)

04

활동지 1-2 열쇳말 손가락

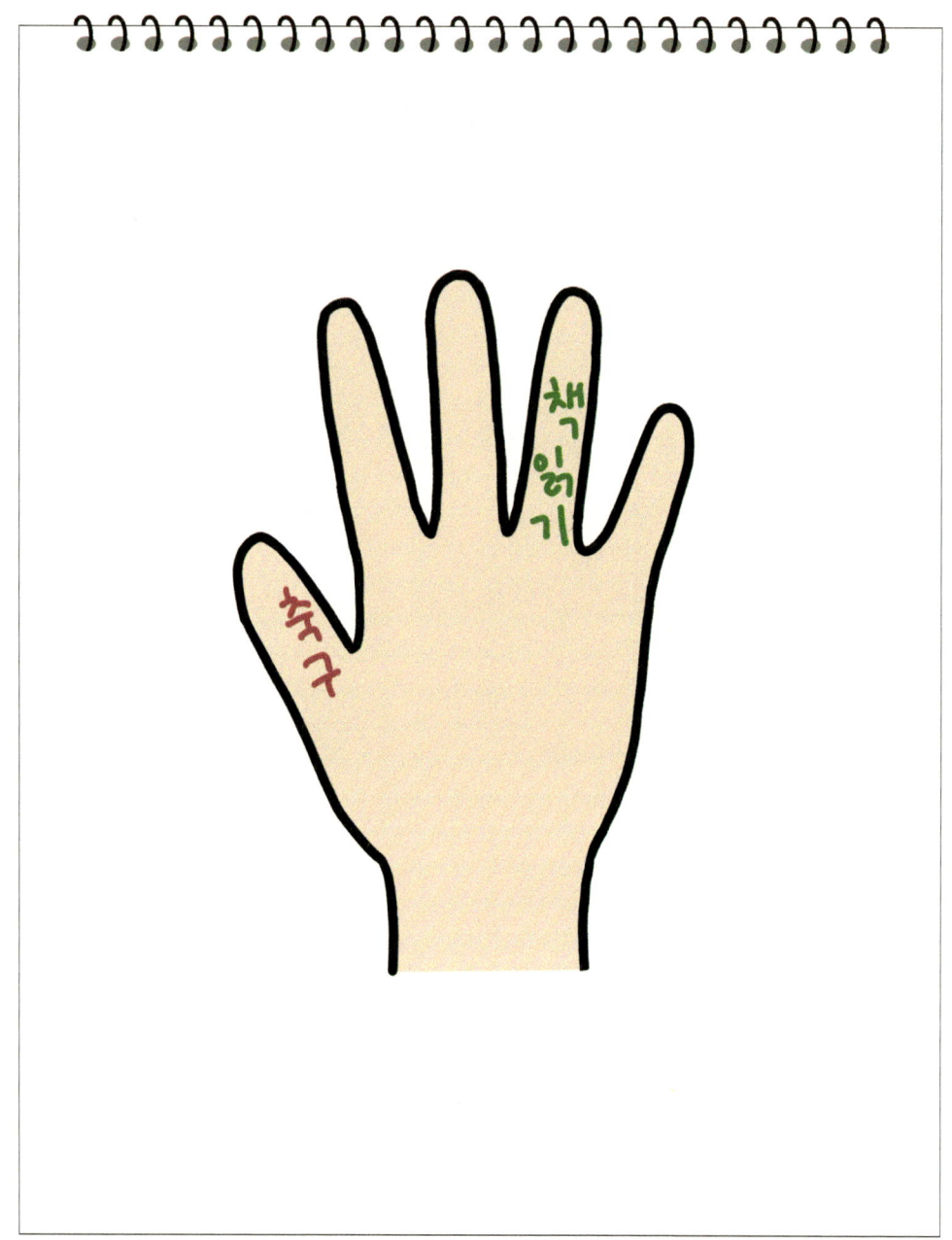

04
활동지 1-3   너와나의 연결고리

취미	좋아하는 음식	좋아하는 운동
좋아하는 장소	꿈 / 하고 싶은 일	가보고 싶은 나라
잘하는 것	좋아하는 색	좋아하는 동물

친구 지도

01 목적   나의 친구 관계 알기

02 목표   소시오그램을 통해 현재 친구 관계에 대해 돌아본다.

긍정적인 미래 자아를 상상하며 자기 긍정감을 높인다.

03 준비물   아동용 활동지, 색 펜이나 색연필, 가위

활동내용

01 도입

- **자기 표현 경험 나누기**
  - 열쇳말 손가락이나 너와 나의 연결고리 주제로 친구에게 자신을 소개하거나 질문한 경험을 나눕니다.
  - 그때의 감정에 대해 이야기해 봅니다.

- **아이스브레이킹 활동하기**
  ⇒ [부록]의 아이스브레이킹 활동을 선택해도 좋아요.

 "자기 표현 경험이 없다고 하는 아동에게 다음 번엔 시도해보자고 격려합니다."

02 전개

- **소시오그램 그리기**
- 소시오그램(Sociogram)은 개인 간의 사회적 관계와 상호작용을 시각적으로 나타내는 도구입니다.

1. 중심 인물 그리기: 종이 한 가운데에 '나'라고 적고, 동그라미로 표시합니다.
2. 친구들 추가하기: '나' 주변에 자신과 관계가 있는 친구들을 적고, 동그라미로 표시합니다.
3. 관계 연결하기: '나'와 친구들을 선으로 연결합니다.
   - 친한 친구일수록 선을 굵게 그리고, 덜 친한 친구는 가는 선으로 연결합니다.
   - 관계가 일방적일 경우 화살표를 그려 관계의 방향성을 나타낼 수 있습니다.
4. 소시오그램을 바탕으로 관계의 거리에 대해 이야기를 나눕니다.

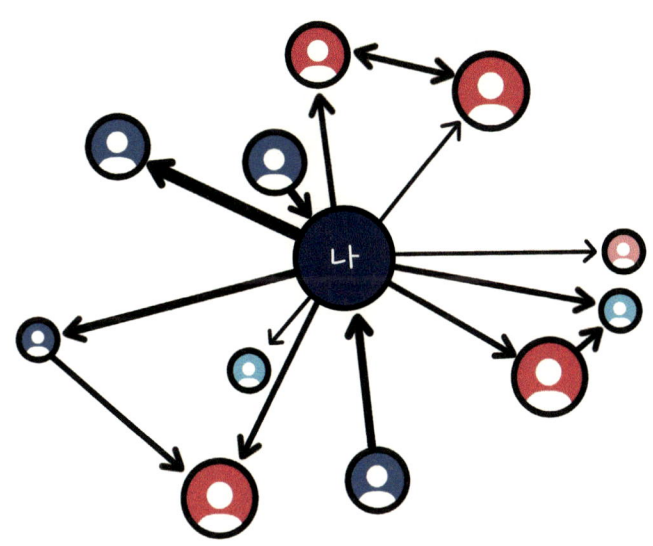

예)
T: 어떤 친구와 제일 가까운가요? 왜 그렇게 느꼈나요?
→ 아동이 자신이 생각하는 친밀도를 인식하고, 친구 관계에 대해 더 깊이 생각하게 합니다.

T: 더 가까워지고 싶은 친구가 있다면, 그 친구와 어떤 방법으로 더 가까워질 수 있을까요?
→ 친구 관계를 개선하기 위한 방법을 스스로 생각해보게 합니다.

T: 소시오그램을 보니까, 어떤 친구가 멀게 느껴지나요? 그 친구와의 관계를 변화시키고 싶나요?
→ 아동이 관계 개선의 필요성을 인식하고, 자연스럽게 친구 관계를 증진시키는 방법을 생각하도록 돕습니다.

T: 가까워지고 싶은 친구에게 어떻게 다가갈 수 있을까요? 오늘부터 실천할 수 있는 작은 행동들을 생각해볼까요?
→ 가까워지기 카드를 살펴보며 자신이 하고 싶거나 할 수 있는 내용이 적힌 카드를 고르게 한 후 구체적으로 누구에게 어떤 행동을 할 것인지 말하게 합니다.

- **가까워지기 카드 내용**

    - 점심을 같이 먹자고 제안하기
    - 친구에게 먼저 다가가 인사하기
    - 친구가 좋아하는 놀이에 함께 참여하기
    - 친구를 칭찬하기
    - 쉬는 시간에 함께 놀자고 제안하기
    - 친구에게 질문하기
    - 새로운 친구 소개하기
    - 도움이 필요한 친구 도와주기
    - 친구의 의견에 공감하기
    - 친구가 물건을 빌려줬을 때 감사 인사하기
    - 친구가 기분이 안 좋을 때 다가가 위로하기
    - 친구와의 약속을 지키기
    - 친구에게 작은 선물 주기
    - 친구의 이름을 기억하고 자주 불러주기

- **가까워지기 카드 선생님 지도 예**

    - 새로운 친구나 더 가까워지고 싶은 친구에게 점심을 같이 먹자고 먼저 제안하면 함께 새로운 시간을 보내면서 자연스럽게 대화할 수 있다는 것을 지도합니다.
    - 친구와 마주쳤을 때나 쉬는 시간에 먼저 다가가 인사하는 것은 친구와 가까워지는 효과적인 행동임을 알려줍니다.

- 친구가 좋아하는 놀이에 함께 참여하면 친구의 관심사에 대해 더 잘 알 수 있고 이를 통해 친구가 좋아하는 주제로 이야기를 나눌 수 있다는 것을 알려주고, 예를 들어 연습합니다.
  예) 친구가 축구를 좋아한다면 축구 놀이에 함께 참여하고, 좋아하는 축구 선수들에 대해 질문하고 이야기 나누고, 축구 경기를 함께 관람하자고 제안할 수 있습니다.
- 친구의 좋은 점을 발견하면 짧은 칭찬을 하도록 예를 들어주고, 아동이 스스로 칭찬의 내용을 찾아 연습할 수 있도록 지도합니다.
  예) "오늘 네 그림 멋졌어!, 네가 OO이를 도와주는 모습 멋졌어!"
- 쉬는 시간이나 방과 후에 친구에게 "같이 놀래?"라고 먼저 제안하도록 지도합니다. 간단한 놀이를 함께하면서 자연스럽게 친해질 수 있습니다.
- 친구의 취미나 관심사에 대해 질문하도록 지도합니다.
  예) "너는 무슨 만화를 좋아해?", "요즘 좋아하는 게임이 뭐야?"
- 두 명 이상의 친구와 어울릴 때, 새로운 친구를 서로 소개하도록 지도합니다.
  예) "이 친구는 OO이야, 우리는 같은 **학원에 다녀."라고 소개해 여러 친구들이 함께 어울릴 수 있는 기회를 만들도록 합니다.
- 친구가 어려워하는 부분을 발견하면 먼저 도움을 제안하도록 알려줍니다.
  예) "네 물건이 떨어졌어. 내가 주워줄게." 하는 작은 도움은 관계를 더욱 가깝게 만든다는 것을 알려줍니다.
- 친구의 생일을 기억하고 축하해주는 것도 좋은 방법이라는 것을 알려줍니다.
  예) "오늘 네 생일이네! 축하해!"

- 친구에게 물건을 빌렸다면 사용 후에 꼭 고맙다고 말해야 한다는 것을 알려줍니다. 이는 신뢰를 쌓는 데 중요한 역할을 한다는 것을 강조합니다. 예) "연필을 빌려줘서 고마워!"
- 친구가 슬프거나 화가 난 것 같다면, 다가가 "무슨 일 있어? 내가 도와줄게."라고 물어보고 함께 이야기하며 위로하면 좋다는 것을 알려줍니다. 친구가 어려운 상황에서 관심과 위로를 느끼면 관계가 더욱 깊어질 수 있다는 것을 지도합니다.
- 친구와의 약속은 꼭 지켜야 한다는 것을 강조합니다. 약속을 잘 지키는 것은 신뢰를 쌓는 중요한 방법임을 알려줍니다.
- 친구에게 특별한 날이 아니어도 선물을 주거나 그림을 그려주면 친구와 더 가까워질 수 있다는 것을 지도합니다. "내가 너를 위해 그린 그림이야."와 같은 표현은 친구에게 기쁨을 주어 더 가까워질 수 있는 방법입니다.
- 친구의 이름을 자주 불러주고 대화 중에도 친구의 이름을 사용하도록 지도합니다. 이름을 불러주는 것은 친구에게 관심을 표현하는 좋은 방법입니다.

"소시오그램 활동을 통해 아동이 친구 관계를 인식하고, 친해지고 싶은 친구를 찾을 수 있으며, 프로그램의 참여 동기도 높일 수 있어요."

"선 색상이나 동그라미 색상을 필요에 따라 다르게 사용하여 관계의 성격을 구분할 수 있다는 것도 알려주세요. 예를 들어, 좋아하는 친구는 초록색, 가끔 만나는 친구는 보라색 등으로 표시할 수 있어요."

"친구와 가까워지기 위한 행동을 하는 데 어려운 점이나 방해 요소가 있는지 묻고 이에 대한 대안을 함께 찾아주세요. 가까워지기 행동은 구체적인 예행 연습을 해야 실천력이 높아져요."

03 마무리

- **정리 및 소감 나누기**

1. 좋았던 것, 배운 것, 아쉬웠던 것, 다음 시간에 바라는 것을 나눕니다.
2. 소시오그램 활동에서 고른 친구와 가까워지기 활동을 다음 시간까지 실천해 보도록 격려하고, 아동이 이에 대한 실천 의지를 표현하게 한 후 마무리 합니다.

04
활동지 2-1   소시오그램 그리기

04 활동지 2-2 가까워지기 카드

점심을 같이 먹자고 제안하기

친구에게 먼저 다가가 인사하기

친구가 좋아하는 놀이에 함께 참여하기

친구를 칭찬하기

쉬는 시간에 함께 놀자고 제안하기

친구에게 질문하기

새로운 친구 소개하기

도움이 필요한 친구 도와주기

친구의 의견에 공감하기

친구가 물건을 빌려줬을 때 감사인사하기

친구가 기분이 안 좋을 때 다가가 위로해주기

친구와의 약속을 지키기

친구에게 작은 선물 주기

친구의 이름을 기억하고 자주 불러주기

듣고 싶은 말

01 목적   말의 중요성 알기

02 목표   말이 다른 사람에게 미치는 영향을 안다.

             긍정적으로 배려하며 소통할 수 있다.

03 준비물   아동용 활동지, 색 펜이나 색연필, 가위, 풀, 포스트잇, 색종이, 풍선, 감정카드

 활동내용

01 도입

- **친구와 가까워지기 활동 실천 내용 나누기**
  - 지난 시간 배운 친구와 가까워지기 방법 중 시도해 본 경험을 나눕니다.
  - 그때 느낀 감정을 이야기합니다.
  - 다음에 실천해 보고 싶은 다른 방법을 한 가지 말하도록 합니다.

- **아이스브레이킹 활동하기**
  - ⇒ [부록]의 아이스브레이킹 활동을 선택해도 좋아요.

 "실천하지 못했다고 하면 이유를 물어 함께 다른 방법을 찾아보거나 다음엔 실천해 볼 수 있도록 격려해 주세요."

02 전개

- **좋아하는 말, 싫어하는 말**

1. 최근에 들었던 말 중에 기분이 좋았던 말은 무엇인지, 기분이 상했던 말은 무엇인지 질문을 던져 대화를 나눕니다.
2. 자신이 좋아하는 말과 싫어하는 말, 기분을 좋게 만드는 말과 기분을 나쁘게 만드는 말을 각각 포스트잇에 적습니다. 포스트잇 한 장에 한 가지 내용을 적도록 합니다.
3. 적은 내용에 관해 이야기를 나눕니다. 어떤 말이 왜 기분이 좋았는지, 왜 싫었는지에 관해 이야기하고 공감을 나눕니다.
4. 하나의 풍선에 기분이 좋아지는 긍정적인 말 포스트잇을 접어 넣고, 다른 풍선에는 기분이 나빠지는 부정적인 말 포스트잇을 접어 넣은 후 풍선을 붑니다.
5. 부정적인 말이 담긴 풍선을 모두 함께 터트립니다.
6. 긍정적인 말이 담긴 풍선을 가운데 두고 왜 우리는 친구에게 좋은 말을 해줘야 하는지 질문하며, 말이 사람에게 미치는 감정적 영향과 중요성에 관해 이야기 나눕니다.

- **말의 힘 실험**

1. 친구와 짝을 지어 한 사람은 기분 좋은 말을 하고, 다른 한 사람은 기분 나쁜 말을 합니다.
2. 각각의 말을 들었을 때 어떤 느낌이 드는지 (감정카드에서 골라) 이야기 나눕니다.

- '고운 말 카드' 챌린지

1. 아동이 친구에게 전하고 싶은, 친구가 들으면 기분이 좋아질 수 있는 '고운 말 카드'를 만듭니다.
   예) "너는 친절해.", "너와 함께 있으면 즐거워.", "네가 웃을 때 나도 기분이 좋아.", "너와 함께 노는 게 참 좋아.", "너랑 맛있는 것을 함께 먹고 싶어."
2. 만든 카드를 친구에게 전달하며 내용을 말로 표현합니다.
3. 전달받은 친구는 다른 친구에게 같은 방법으로 '고운 말 카드'와 고운 말을 전달합니다.
4. 친구에게 카드를 받으며 고운 말을 들었을 때 어떤 느낌이 들었는지 이야기 나눕니다.
5. '고운 말 카드' 중 하나를 선택해, 다음 시간까지 친구에게 그 말을 사용해 보는 과제를 줍니다.

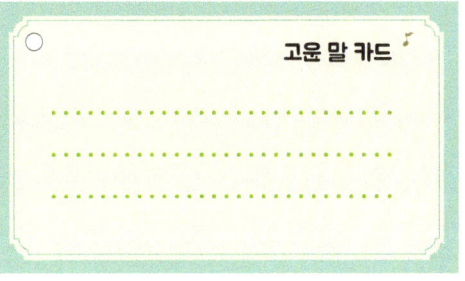 

- '고운 말 고리' 만들기

1. 색종이를 길게 잘라 친구에게 듣고 싶은 긍정적인 말과 전하고 싶은 긍정적인 말을 적습니다.
2. 색종이로 고리를 만들어 친구의 고리와 연결합니다.
3. 완성된 하나의 긴 '고운 말 고리'를 벽에 장식합니다.

"집단원의 특성을 고려해 활동 중 일부를 선택해도 좋아요."

"말의 힘 실험에서 기분 나쁜 말은 심하지 않은 말로 하도록 강조해요. 활동 중 정말 기분이 상할 수 있으니 주의해요."

"상황에 따라 '고운 말 카드'를 꾸며도 좋아요. 꾸미는 과정에서 고운 말을 계속 주시하게 되어 기억과 실천력을 높일 수 있어요. '고운 말 고리'를 모임 공간에 장식하면 긍정적인 소통의 중요성을 시각적으로 표현해서 기억과 인식에 도움이 돼요."

03 마무리

- **정리 및 소감 나누기**

1. 좋았던 것, 배운 것, 아쉬웠던 것, 다음 시간에 바라는 것을 나눕니다.
2. 오늘 만든 '고운 말 카드' 내용 중 가장 기억에 남는 카드를 골라 발표합니다. 발표한 고운 말을 일상생활 중 많이 사용하도록 격려한 후 마무리 합니다.

04

활동지 3-1   고운 말 카드

04
활동지 3-2 고운 말 고리

역지사지!

01 목적 친구 이해하기

02 목표 친구의 중요성을 인식한다.

친구의 입장이 되어 공감적 이해를 할 수 있다.

03 준비물 아동용 활동지, 색 펜이나 색연필, 가위, 고무줄, 안대, 감정카드

활동내용

01 도입

- **말의 중요성 경험 나누기**
  - 지난 일주일 동안 내가 좋아하는 말이나 싫어하는 말을 들었던 경험을 나눕니다.
  - 지난 일주일 동안 친구가 좋아하는 말이나 싫어하는 말을 친구에게 했던 경험을 나눕니다.
- **함께하는 친구에게 좋아하는 말 해주기**
  - 오른쪽으로 돌아가면서 한 사람씩 친구가 좋아하는 말을 합니다.
  - 친구가 해준 말을 듣고 느꼈던 감정을 나눕니다.

- **아이스브레이킹 활동하기**
  ⇒ [부록]의 아이스브레이킹 활동을 선택해도 좋아요.

02 전개

- **눈 가리고 책 골라오기**

1. 두 명이 짝이 되어 하는 활동입니다.
2. 한쪽 벽 앞에 짝이 된 두 명이 서서, 한 사람이 눈을 감거나 안대를 하고 친구의 팔을 잡습니다.
3. 선생님은 반대편 벽에 책을 여러 권 놓습니다.
4. 눈을 가린 친구는 눈을 가리지 않은 친구와 함께 친구가 안내하는 말을 듣고 걸어가서 선생님이 언급하신 책을 골라옵니다.
5. 이때 눈을 가리지 않은 친구는 눈을 가린 친구보다 앞서서 갈 수 없습니다.

"2인 1조로 진행되는 '눈 가리고 책 골라오기' 활동을 통해 함께하는 활동에서도 서로 입장이 다르다는 것을 경험할 수 있어요. 눈을 가리고 움직이는 친구와 안내하는 친구는 서로 다른 입장에 있어요. 안대를 쓴 사람은 눈을 가려서 앞을 볼 수 없기 때문에 불안하고, 안내하는 사람을 전적으로 믿어야 해요."

"반면, 안내하는 사람은 앞을 볼 수 있어 방향을 알 수 있지만, 상대방이 보이지 않는다는 점을 이해하고 조심스럽게 안내해야 해요. 이 활동은 서로의 입장을 이해하고 배려하는 방법을 배우는 중요한 기회가 될 수 있어요. 평소에도 상대방의 입장에서 생각해 보는 것이 얼마나 중요한지를 느낄 수 있도록 설명해 주세요."

 " 눈 가리고 하는 활동에서는 안전을 위해 사전에 충분한 준비와 활동 중 주의 사항을 명확하게 전달해야 해요. 안전을 위한 주의 사항은 다음과 같아요."

1. 안전한 장소 선정
활동을 진행할 공간은 장애물이 없고, 평지여야 해요. 미끄러움이나 날카로운 물건이 없는지 사전 점검을 해요. 모퉁이, 벽 등 충돌 위험이 있는 장소는 피하는 것이 좋아요.

2. 활동 전 충분한 설명
눈을 가리는 활동에 대해 사전 설명을 명확하게 하고, 활동 중 무리한 움직임이나 빠른 달리기를 하지 않도록 주의해요. 신호나 멈춤 규칙을 미리 정하고, 활동 중 언제든 멈출 수 있음을 알려요.

3. 안전한 안대의 사용
눈을 가릴 때는 부드럽고 적절한 크기의 안대나 천을 사용해요. 눈을 가리는 도구가 너무 꽉 조이지 않도록 해요.

4. 활동 중 신체 접촉 주의
다른 참가자와의 신체 접촉을 최소화하도록 안내하고, 접촉이 있을 경우 천천히 움직이도록 해요. 눈을 가린 상태에서 강한 힘으로 밀거나 끌지 않도록 주의해요.

5. 참가자의 신체 상태 확인
참가자의 신체 상태를 사전에 확인하고, 어지러움이나 불편함을 느끼는 사람이 있으면 활동에서 제외시키고, 활동 중 참가자가 불편함을 호소할 경우 활동을 중지해요.

6. 안전한 종료
활동이 끝난 후 천천히 안대를 벗고 주변 상황을 확인하도록 도와주세요.
활동 종료 후 주변을 정리하여 안전하게 마무리해요.

이러한 주의 사항을 지키면, 눈을 가리는 활동을 더욱 안전하고 즐겁게 진행할 수 있어요.

- **친구를 이해하는 방법**

1. 친구를 이해하는 방법 10가지를 설명합니다.
2. 다음의 대화글을 읽고, 친구를 이해하는 10가지의 방법이 사용된 부분을 표시해 봅니다.
3. 만약 다르게 표현하고 싶은 부분이 있다면 함께 논의합니다.

상황

- 등장인물: 민수, 지혁, 현민

민수: 요즘 나 진짜 스트레스 받아. 숙제도 하기 싫고, 학원도 가기 싫고, 엄마한테 혼난 것도 있고...

지혁: **(1. 경청하기)** 아, 민수야, 무슨 일이 있었는지 자세히 말해 줄 수 있어? 네 얘기 듣고 싶어.

민수: 어... 그냥 다 잘 안 되는 것 같아. 공부할 때도 집중이 안 되고 어제 엄마가 학원숙제 안한 것 때문에 혼내셔서 더 힘들어.

현민: **(2. 공감 표현하기)** 그럴 때 정말 속상하겠다. 공부 때문에 스트레스 받는 거, 나도 완전 이해해.

지혁: **(3. 질문하기)** 혹시 집중이 안 되는 이유가 뭐라고 생각해? 요즘 뭐 신경 쓰이는 일 있어?

민수: 글쎄, 정확히 뭔지 모르겠어. 그냥 모든 게 다 복잡해 보여. 뭐가 문제인지도 모르겠고...

현민: **(4. 역지사지 태도 가지기)** 나도 가끔 그런 적 있어. 아무 이유 없이 모든 게 힘들고 복잡할 때. 네 입장이면 정말 힘들 것 같아.

지혁: (5. 감정 공유하기) 나도 그 기분 알아. 나도 저번에 비슷한 일이 있었거든. 그땐 그냥 다 하기 싫더라구. 네 마음이 어떨지 이해해.

민수: 맞아... 근데 부모님이 계속 숙제하고 공부만 하라고 하니까 더 답답해.

현민: (6. 비판하지 않기) 엄마도 너를 위해 그러시는 것 같아. 그렇다고 네 감정이 잘못된 건 아니야. 누구나 힘들 때가 있잖아.

지혁: (7. 의견 차이 존중하기) 맞아. 부모님들은 우릴 위해 그렇게 생각하실 수도 있지만, 나는 민수 네 입장도 충분히 이해할 수 있어. 서로 다르게 생각할 수 있는 거니까 너무 마음 쓰지 마.

현민: (8. 관심 표현하기) 그럼 이번 주말에 우리 같이 축구하면서 좀 노는 건 어때? 스트레스 풀 수 있게 네가 하고 싶은 거 해보는 것도 좋을 것 같아.

민수: (9. 함께 시간 보내기) 그거 진짜 좋은 생각이다! 나 요즘 혼자 있는 게 더 힘들었거든. 같이 놀면 기분이 좀 나아질 것 같아.

지혁: (10. 기다려주기) 천천히 해결해도 괜찮아. 너무 조급하게 생각하지 말고, 우리가 옆에 있으니까 같이 하나씩 해결해 나가면 돼.

민수: 고마워, 진짜. 너희 덕분에 조금 마음이 편해진 것 같아.

"친구를 이해하는 방법은 다양하지만, 경청하기, 공감 표현하기, 질문하기, 역지사지 태도 가지기, 감정 공유하기, 비판하지 않기, 의견 차이 존중하기, 관심 표현하기, 함께 시간 보내기, 기다려주기 등이 일반적인 방법임을 설명하고 사용할 수 있도록 지도해 주세요."

- **친구를 이해하는 10가지 방법**

1. 경청하기
친구가 말할 때 온전히 그 이야기에 집중해서 듣는 것입니다. 중간에 끼어들지 않고, 상대방이 자신의 감정을 충분히 표현할 수 있도록 기다려주는 자세입니다. 경청은 상대방이 자신을 존중받고 있다고 느끼게 하며, 상대가 말하는 내용을 깊이 이해하는 데 도움을 줍니다.

2. 공감 표현하기

친구의 감정이나 상황을 이해하고, 그에 맞는 반응을 보이는 것입니다. 단순히 듣는 것을 넘어 "너의 감정을 이해해."라는 메시지를 전달하는 것이 중요합니다. "그랬구나, 정말 힘들었겠다."와 같은 말로 친구의 마음을 공감하고, 함께 감정을 나누는 것입니다.

3. 질문하기

친구가 처한 상황이나 감정을 잘 이해하기 위해서 질문을 던지는 것입니다. 질문은 상대방이 자신의 생각을 정확하게 말하게 하고, "내 이야기를 관심 있게 들어주는구나!"라는 느낌을 줍니다.

4. 역지사지 태도 가지기

친구의 입장에서 상황을 바라보는 태도입니다. 자신의 기준으로 판단하지 않고, 친구의 관점에서 왜 그런 생각을 했는지, 왜 그런 행동을 했는지를 생각해보는 것입니다. "내가 그 입장이었다면 어떻게 느꼈을까?"라고 생각하는 것입니다.

5. 감정 공유하기

친구가 느끼는 감정에 공감하며, 자신도 비슷한 감정을 경험했던 때를 떠올려 함께 나누는 것입니다. 이를 통해 상대방은 자신의 감정이 이해되고 있다는 느낌을 받고, 더 편안하게 마음을 열 수 있습니다. 예를 들어, "나도 그랬을 때 정말 힘들었어."라고 말하면 감정적으로 연결될 수 있습니다.

6. 비판하지 않기

친구의 고민이나 선택에 대해 비판하거나 판단하지 않고, 있는 그대로 받아들이는 것입니다. 누구나 실수할 수 있고, 모든 사람의 선택에는 이유가 있음을 존중하는 태도입니다. "네가 그렇게 느낄 만한 이유가 있었겠지."라는 마음을 가지는 것이 중요합니다.

7. 의견 차이 존중하기

친구와의 의견이 다를 때, 서로의 차이를 인정하고 존중하는 것입니다. 반드시 같은 의견을 가질 필요는 없지만, 의견이 다르다고 해서 친구를 비난하거나 무시하지 않는 태도가 필요합니다. "우리가 다르게 생각할 수 있기에, 너의 의견도 존중해."라는 태도가 바람직합니다.

8. 관심 표현하기

친구가 처한 상황이나 감정에 대해 지속적으로 관심을 가지는 것입니다. 친구가 이야기하지 않아도 먼저 "요즘 어떻게 지내?"라고 물어보거나, 친구의 상태를 살피는 것이 좋은 예입니다. 관심을 표현하면 상대방은 자신이 소중하다는 느낌을 받습니다.

9. 함께 시간 보내기

친구와 함께 시간을 보내면서 친밀감을 쌓고, 서로의 존재가 중요한 것임을 느끼게 합니다. 단순히 이야기를 나누는 것뿐 아니라, 함께 활동하거나 취미를 공유하는 것만으로도 서로의 관계를 강화할 수 있습니다.

10. 기다려주기

친구가 문제를 해결하는 시간이 필요할 때, 서두르지 않고 기다려주는 태도입니다. 사람마다 문제를 해결하거나 감정을 처리하는 속도가 다르기 때문에, 친구가 자신만의 속도로 감정을 다룰 수 있도록 인내심을 가지고 지켜봐 주는 것이 필요합니다.

- **내가 만약 너라면~**

1. 다양한 감정카드를 제공한 후, 상황을 보고 "내가 만약 너라면~"을 주제로 하여 서로의 입장을 바꾸어 그 상황을 해결하는 활동입니다.
2. 친구가 처한 상황에서 어떻게 느낄지, 어떻게 대처할지를 생각해 봅니다.
3. 감정카드의 그림을 보고 '친구라면, 부모님이라면, 선생님이라면' 어떻게 느낄지, 어떻게 대처할지를 생각해 봅니다.

03 마무리

- **정리 및 소감 나누기**

1. 좋았던 것, 배운 것, 아쉬웠던 것, 다음 시간에 바라는 것을 나눕니다.
2. 친구의 중요성에 대해 자신이 경험한 것을 서로 나눕니다.
3. 친구를 이해하기 위한 방법 10가지 중 도전해 볼 하나의 방법을 선택해, 다음시간까지 적용해 보도록 격려하고 마무리 합니다.

04
활동지 안대
4-1

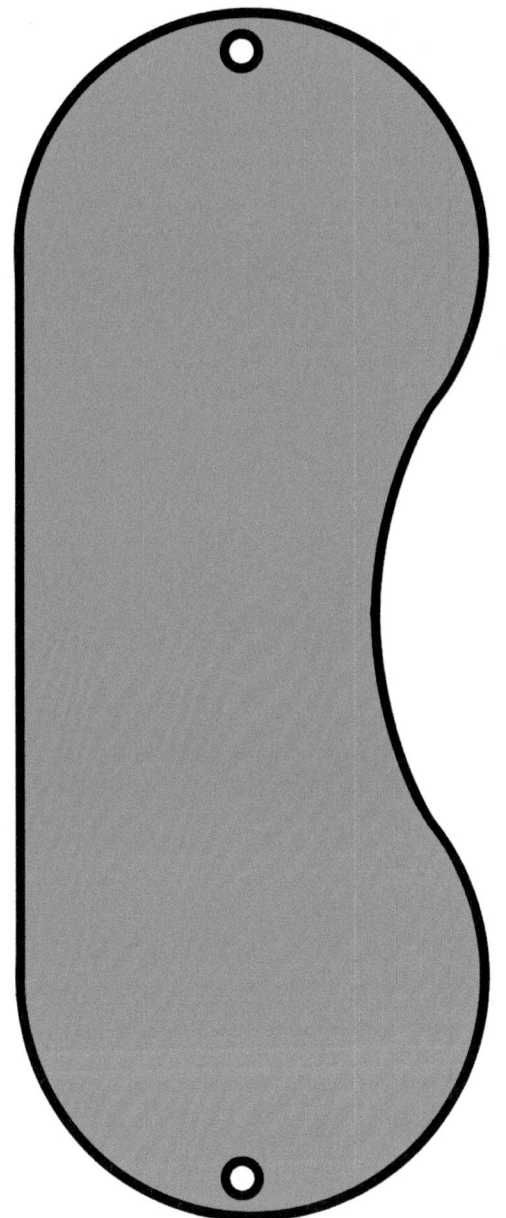

고래도 춤추게 하는 칭찬

| 01 | **목적** | 친구를 칭찬하기 |

| 02 | **목표** | 칭찬의 효과를 이해한다. |
| | | 친구의 강점을 구체적인 칭찬으로 표현할 수 있다. |

| 03 | **준비물** | 아동용 활동지, 필기구 |

활동내용

01 도입

- **친구 입장 이해하기**
  - 한 사람씩 돌아가면서 자신의 친구에 대해 소개합니다.
  - 친구의 입장이 되어 '선생님이 칭찬해 주셨을 때', '시험에서 실수했을 때', '숙제하기 싫을 때'의 마음이 어땠을지 표현합니다.

- **아이스브레이킹 활동하기**
  ⇒ [부록]의 아이스브레이킹 활동을 선택해도 좋아요.

"친구의 입장에서 상황을 바라보는 태도는 또래 관계에서 중요한 태도예요. 자신의 입장만을 주장하지 않고, 친구의 관점에서 친구가 왜 그런 생각을 했는지, 어떤 이유로 그런 행동을 했는지를 생각해 보도록 지도해 주세요."

친구 사귀기편

02 전개

- 장점 찾고 표현하기

1. 다음의 상황(활동지5-1)에서 친구의 장점은 무엇인지 찾아봅니다.
2. 친구의 장점을 구체적으로 표현하고 내가 느낀 감정을 말해줍니다.

"칭찬은 중요한 역할을 해요."

1. 자존감 향상
칭찬을 받으면 자신의 가치와 능력을 인정받는 기분을 느끼고 자존감이 높아져요. 자신에 대한 긍정적인 인식이 강화되고, 더 나은 성장을 위해 노력하게 돼요.

2. 동기 부여
칭찬은 동기 부여를 해요. 칭찬을 받으면 더 많은 성취를 이루고 싶어 하며, 긍정적인 행동을 반복하도록 해 다양한 영역에서 성과를 만들어요.

3. 긍정적인 행동 강화
칭찬은 긍정적인 행동을 강화해요. 특정한 행동을 칭찬받으면, 그 행동이 좋은 것이라는 인식이 생겨 반복하게 돼요.

4. 인간관계 개선
칭찬을 주고받는 것은 인간관계를 개선하는 중요한 요소예요. 칭찬은 친구를 인정하고 존중하는 마음을 표현하는 것이므로, 관계 속에서 신뢰와 친밀감을 증진시킬 수 있어요. 또한, 칭찬은 갈등을 줄이고, 서로를 잘 이해하게 하며, 긍정적인 소통을 만들어요.

5. 스트레스 감소
칭찬을 받으면 긍정적인 감정이 생겨 스트레스와 불안이 감소하는 효과가 있어요. 뇌에서 도파민과 같은 긍정적인 감정을 유발하는 호르몬이 분비되면서 심리적인 안정을 도모해요.

6. 자기 효능감 증대
칭찬을 통해 개인은 자신의 능력을 더 확신하게 돼요. 이를 통해 자기 효능감이 증대되고, 어려운 상황에서도 스스로 문제를 해결할 수 있다는 자신감을 갖게 돼요.

7. 행복감 증가
칭찬을 받으면 자신이 타인에게 긍정적인 영향을 미쳤다는 사실을 알게 되어 행복감이 증가돼요.

8. 긍정적인 자아 인식 형성
칭찬은 사람들이 스스로를 긍정적으로 인식하는 데 도움이 돼요. 스스로의 능력과 가치를 인정받으면, 자아 인식이 개선되고 자신을 더 긍정적으로 생각해요.

- **칭찬 목록 작성하기**

1. 함께 하는 친구와 선생님의 특징이나 행동을 적어봅니다.
2. 특징을 보며 장점을 만들어 칭찬할 거리를 찾아봅니다.
3. 서로의 장점을 읽고 나누는 시간을 가집니다.

"친구에게 칭찬할 때 아래 내용을 고려해 주세요."

1. 구체적으로 칭찬하기
구체적인 행동이나 성과를 칭찬하는 것이 더 효과적이에요. 예를 들어, "너 정말 똑똑해." 보다는 "네가 오늘 발표에서 말한 내용이 내가 궁금했던 내용이어서 도움이 되었어."라고 말하는 것이 좋아요.

2. 진심으로 칭찬하기
칭찬은 마음에서 우러나와야 진심이 느껴져요. 억지로 칭찬하는 것보다는 정말 친구의 장점을 발견하고 진심을 담아 말하는 것이 중요해요.

3. 긍정적인 감정 표현하기
칭찬할 때 "너로 인해 나도 기분이 좋아졌어!", "너의 도움이 나한테 정말 큰 힘이 됐어!"처럼 긍정적인 감정을 함께 표현하면 친구도 그 칭찬을 쉽게 받아들일 수 있어요.

4. 노력에 초점 맞추기
결과보다는 친구가 노력한 부분을 칭찬하는 것이 더 의미 있어요. 예를 들어, "네가 정말 열심히 준비한 게 보여!"라고 말해주면, 친구가 자신의 노력을 인정받았다는 느낌을 받게 돼요.

5. 적절한 순간에 칭찬하기
칭찬은 적절한 순간에 하는 것이 중요해요. 친구가 힘들어하거나 자신감을 잃었을 때 칭찬을 하면 더 큰 효과가 있을 수 있어요.

6. 작은 일도 칭찬하기
작은 일도 놓치지 않고 칭찬해주면 친구가 자신이 하는 일이 소중하다고 느낄 수 있어요. 사소한 변화나 진전에도 칭찬을 하면 좋아요.

7. 비교하지 않기
다른 사람과 비교하지 않고, 그 친구의 고유한 장점을 칭찬하는 것이 중요해요. "너는 누구보다 이것을 잘해." 보다는 "네가 정말 이 일을 잘하는 것 같아."라고 말하는 것이 더 좋아요.

03 마무리

- **정리 및 소감 나누기**

1. 좋았던 것, 배운 것, 아쉬웠던 것, 다음 시간에 바라는 것을 나눕니다.
2. 친구에게 칭찬할 내용을 찾아 구체적으로 표현하는 것을 습관화 할 수 있도록 격려하며 마무리 합니다.

04 활동지 5-1

장점 찾고 표현하기: 친구의 상황을 함께 생각하며 장점을 찾아 표현해 보세요.

1. 운동회에서 뛰어난 활약을 했을 때	
상황	운동회에서 친구가 열심히 달리거나 경기에 참가해 좋은 결과를 얻었을 때
칭찬 연습	"너 정말 빨리 달렸어! 덕분에 우리 팀이 이겼어. 아주 멋졌어!"

2. 미술 시간에 멋진 그림을 그렸을 때	
상황	미술 시간에 친구가 아름다운 그림을 그렸을 때
칭찬 연습	"너의 그림은 색깔도 정말 예쁘고 창의적이야. 난 네가 그린 방식이 좋아!"

친구 사귀기편

3. 친구가 다른 친구를 도와줬을 때	
상황	친구가 다른 친구를 도와준 모습을 보았을 때
칭찬 연습	"너가 다른 친구를 도와주는 모습이 보기 좋아. 넌 참 멋진 친구야."

4. 발표를 잘 했을 때	
상황	친구가 준비를 열심히 해서 수업 시간에 발표를 잘했을 때
칭찬 연습	"오늘 발표 잘했어! 네가 준비한 내용이 정말 유익했고, 목소리도 크고 분명해서 모두가 잘 들었어."

5. 새로운 기술이나 재능을 보여줬을 때	
상황	친구가 새로운 기술(예: 악기 연주, 춤, 노래 등)을 배워서 보여줬을 때
칭찬 연습	"너 노래를 잘 부르더라! 네 목소리가 너무 멋져서 감동받았어."

6. 친구가 청소나 정리를 도와줬을 때	
상황	친구가 교실 청소나 정리하는 것을 도와줬을 때
칭찬 연습	"네가 청소를 도와줘서 고마워! 덕분에 우리가 더 빨리 끝낼 수 있었어."

7. 친구가 꾸준히 노력했을 때

상황	친구가 어려운 상황에서도 꾸준히 노력하는 모습을 보았을 때
칭찬 연습	"네가 계속해서 포기하지 않고 노력하는 모습이 멋져! 그 결과가 나와서 정말 기뻐."

8. 친구가 용기를 냈을 때

상황	수업에서 질문하기 어려운 상황에서 친구가 용기를 내서 질문했을 때
칭찬 연습	"너 오늘 정말 용기 있었어! 네가 먼저 질문해줘서 나도 덕분에 궁금한 걸 해결할 수 있었어."

9. 친구가 다정하게 행동했을 때	
상황	친구가 다른 친구나 동물에게 다정하게 대하는 모습을 보았을 때
칭찬 연습	"너는 다정한 것 같아. 친구나 동물을 항상 따뜻하게 대하는 모습이 보기 좋아."

10. 친구가 창의적인 아이디어를 냈을 때	
상황	모둠 활동에서 친구가 창의적인 아이디어를 냈을 때
칭찬 연습	"네 아이디어가 독창적이었어! 덕분에 우리가 문제를 해결할 수 있었어."

따뜻한 마음, 존중의 시작

01 목적 또래 관계에서 공감과 존중의 가치 이해

02 목표 상대의 마음을 듣고 공감적 이해를 할 수 있다.

　　　　　존중의 의미를 알고 친구 관계에 적용할 수 있다.

03 준비물 아동용 활동지, 색 펜이나 색연필, 필기구, 가위

활동내용

01 도입

- **칭찬 경험 나누기**
  - 지난 일주일 동안 친구에게 칭찬을 해준 경험을 나눕니다.
  - 지난 일주일 동안 칭찬을 들었던 경험이 있다면 어떤 상황에서 칭찬을 들었는지, 그때 마음이 어떠했는지 나눕니다.

- **아이스브레이킹 활동하기**
  ⇒ [부록]의 아이스브레이킹 활동을 선택해도 좋아요.

48 친구 사귀기편

02 전개

- **감정 공감 퍼즐**

1. 감정 표현을 퍼즐처럼 맞춰보는 활동입니다.
2. 상황(활동지6-1) 그림을 잘라 살펴본 후, 상황에 맞는 감정단어를 맞춰봅니다.

"감정 공감은 다른 사람이 느끼는 감정을 이해하고, 그 감정에 맞춰 적절하게 반응하는 능력을 말해요. 감정을 공감하는 것은 상대방의 내면을 이해하는 데 꼭 필요해요. 서로의 감정을 이해하고 공감할 때, 관계는 더 깊어지고 의미 있게 발전할 수 있어요. 친구나 가족 사이에서 감정을 공감하면, 더 큰 신뢰와 친밀감을 쌓을 수 있어요."

"공감은 효과적인 의사소통을 도와줘요. 상대방의 감정을 이해하고 그에 맞는 대화를 나누면 오해를 줄이고 서로의 입장을 잘 받아들일 수 있어요."

"어려운 상황에 처한 사람에게 공감을 통해 정서적 지원을 제공해요. 상대방이 힘들어하는 감정을 이해하고 표현하면, 그 사람은 더 이상 혼자 감정을 짊어지지 않게 되며 심리적인 안정을 찾을 수 있어요. 감정 공감은 상대방의 감정을 존중하고 소통을 원활하게 하며, 관계를 더욱 깊고 풍부하게 만드는 중요한 능력이에요."

- **존중과 무례의 차이 이해하기**

1. 존중하는 말과 무례한 말을 구분하는 활동입니다.
2. 다음의 말(활동지6-2)을 존중하는 말로 바꾸어 봅니다.

- **존중 카드 만들기**

1. 서로 존중하는 카드를 만들어 전달하는 활동입니다.
2. 친구의 장점이나 감사한 내용을 적습니다.
3. 카드를 주고받으면서 존중하는 마음을 표현합니다.

- **친구의 물건과 공간 존중하기**

1. 친구의 물건이나 공간을 어떻게 존중해야 하는지 생각합니다.
2. 친구의 물건을 빌릴 때, 허락을 구하는 것을 역할극으로 연습합니다.
3. 한 아동이 공부하고 있고, 다른 친구가 허락 없이 그 친구와 가깝게 앉아 친구의 가방을 뒤로 옮기는 상황을 연출해 봅니다. 상황이 끝난 후 느낀 마음을 나눕니다.
4. 한 아동이 공부하고 있고, 다른 친구가 "옆자리에 앉아도 될까?"라고 말하고 앉는 상황을 연출해 봅니다. 상황이 끝난 후 느낀 마음을 나눕니다.

"친구의 물건과 공간을 존중하는 태도도 중요함을 알려주세요."

1. 개인 공간의 개념 설명하기
먼저, 개인 공간이 무엇인지 쉽게 설명해요. "모든 사람은 자신의 공간이 있어요. 그 공간에는 친구의 몸, 책상, 가방, 물건 등이 포함돼요. 친구의 허락 없이 그 공간에 들어가거나 만지면, 그 친구가 불편할 수 있어요."라고 알려줘요.

2. 개인 물건과 공간 구분 연습하기
아동에게 개인 물건과 공유할 수 있는 물건의 차이를 설명해요. 예를 들어, "친구의 책상이나 가방은 개인 물건이니까 마음대로 만지면 안 돼요. 하지만 도서관의 책이나 교실의 공은 모두가 함께 쓰는 물건이에요."라는 식으로 개인적인 것과 공유할 수 있는 것을 구분하는 연습을 해요.

3. 정중하게 요청하기
친구의 공간이나 물건을 사용해야 할 때는 정중하게 요청하도록 알려주세요. 친구의 책상에 앉고 싶다면, 먼저 "여기 앉아도 될까?"라고 물어보는 게 좋아요. 아동이 친구의 공간을 존중하는 방법을 자연스럽게 배우고 실천할 수 있도록 격려해 주세요.

- **물건을 빌릴 때 적절한 표현 연습하기**

1. '미안하지만', '부탁할 일이 있어' 등 예의 있는 표현으로 시작해요.
   예) "미안하지만, 파란색 색연필을 빌릴 수 있을까? 내가 필요한데 안가져왔어."
2. 사용할 시간이나 양에 대해 설명해요.
   예) "여기 그림에서 세모 부분만 칠하고 줄게."
3. 돌려줄 때는 물건을 깨끗하게 사용하고 정해진 시간 안에 돌려주며 감사의 마음을 표현해야 해요.
   예) "고마워. 잘 썼어."

03 마무리

- **정리 및 소감 나누기**

1. 좋았던 것, 배운 것, 아쉬웠던 것, 다음 시간에 바라는 것을 나눕니다.
2. 공감과 존중은 친구들과의 관계를 좋게 하고 나도 존중받을 수 있는 방법임을 강조합니다.
3. 물건을 빌릴 때, 친구의 공간에 들어갈 때 사용하는 예의있는 언어를 연습하고 마무리 합니다.

04 활동지 6-1

감정 공감 퍼즐: 주어진 그림을 보고 해당 상황과 감정 단어를 맞춰 보세요.

주말에 친구들과 함께 놀이공원에 간 민수는 롤러코스터를 타고 시원하게 소리를 지르며 즐겁게 웃었다. — 재미있다

소영이는 이사를 가서 새로운 학교에 다니기 시작했지만, 아직 친한 친구가 없어 혼자 점심을 먹고 있다. — 외롭다

수진이가 방과 후 청소를 하는데, 지나가던 동현이가 다가와 말했다. "수진아! 내가 도와줄게." 수진이는 동현이의 행동에 미소를 지었다. — 친절하다

윤호는 할머니가 선물해 주신 샤프를 가지고 있었다. 그 샤프는 낡았지만, 할머니의 따뜻한 마음이 담겨 있었다. — 소중하다

지민이는 친구에게 화가 나서 충동적으로 나쁜 말을 했다. 다시 생각해보니, 심한 말을 한 것 같아 내일 사과해야겠다고 생각했다. — 후회하다

04 활동지 6-2 존중과 무례의 차이 이해하기

그림	상황	무례한 말	존중하는 말
	친구가 나와 다른 생각을 말할 때	"그건 말도 안돼, 난 너랑 생각이 달라."	"네 의견은 정말 중요해. 난 네가 어떤 생각을 하는지 듣고 싶어."
	친구가 잘못을 했을 때	"너 왜 이렇게 못해? 진짜 멍청해."	"괜찮아, 다음에 더 잘할 수 있을 거야. 내가 도와줄게."
	친구가 새로운 옷을 입었을 때	"그 옷은 별로야. 이상해."	"옷 새로 샀구나! 너한테 잘 어울린다!"
	친구가 실수로 물건을 떨어뜨렸을 때	"너는 왜 이러냐? 또 떨어뜨렸네!"	"괜찮아, 내가 주워줄게."
	놀이 중에 친구가 잘못된 규칙을 주장했을 때	"너 왜 규칙도 못 지켜? 너랑 놀기 싫어."	"이 부분은 이렇게 하는 거야. 다시 한 번 해보자."

친구 사귀기편

04
활동지 6-3 존중 카드 만들기

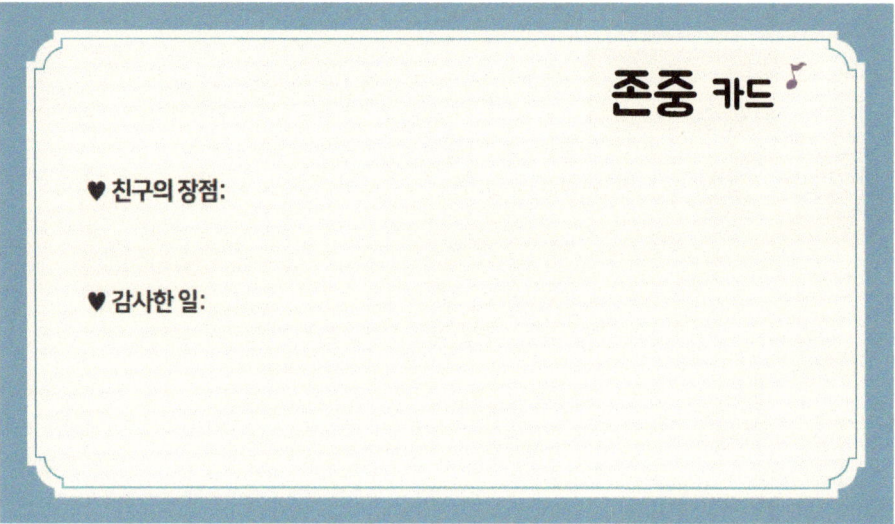

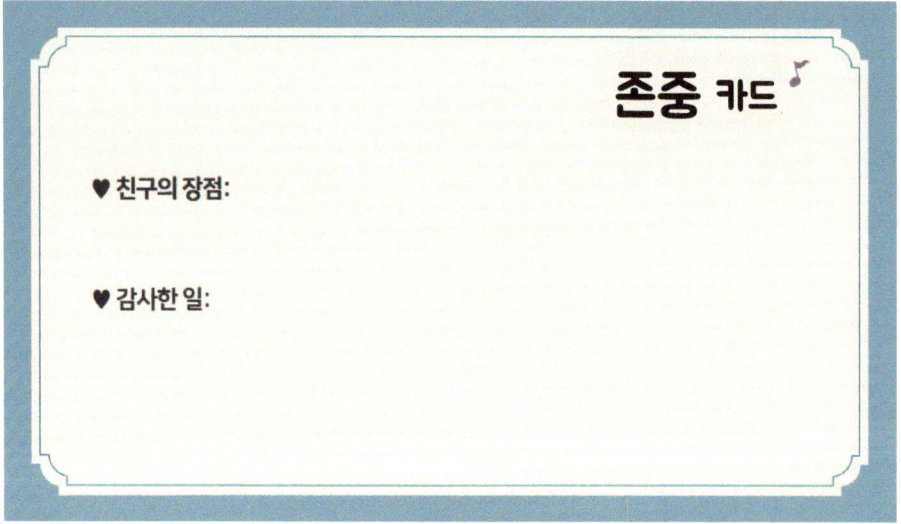

함께! 다같이!

01 목적   협력의 중요성 이해

02 목표   친구와의 좋은 관계를 위해 협력하기가 필요함을 이해한다.

             협력하는 방법을 배우고 적용한다.

03 준비물   아동용 활동지, 색 펜이나 색연필, 필기구, 도화지, 종이컵

 **활동내용**

01 도입

- **공감과 존중 경험 나누기**
  - 지난 일주일 동안 친구에게 공감했던 경험을 나눕니다.
  - 누군가를 존중했거나 존중 받았던 경험에 대해 설명하고, 그때의 마음을 나눕니다.
  - 친구의 물건을 빌리거나, 친구의 공간에 들어갈 때 사용하는 언어에 대해 복습합니다.

- **아이스브레이킹 활동하기**
  ⇒ [부록]의 아이스브레이킹 활동을 선택해도 좋아요.

친구 사귀기편 55

02 전개

- **종이컵 쌓기**

1. 두 사람이 한 팀이 되어 서로 협력하여 종이컵을 높이 쌓는 활동입니다.
2. 어떻게 쌓을지 의논 후, 2분~5분 동안 시간을 주고 쌓기 활동을 합니다. 종이컵이 쓰러지면 다시 시작해도 됩니다.

 "종이컵 쌓기 활동으로 협력을 배우기 위해 몇 가지 주의할 점이 있어요."

1. 서로의 의견 존중하기
쌓는 방법에 대한 의견이 달라도, 서로의 생각을 존중하고 경청하는 자세가 필요해요.

2. 차례로 행동하기
종이컵을 쌓을 때 서로 먼저하려고 하면 실수가 생길 수 있어요. 차례대로 행동하면서 질서를 지키는 것이 중요해요.

3. 실수에 대한 이해
활동 중에 실수나 실패를 했을 때, 서로를 비난하지 않고 다시 도전할 수 있도록 격려해요.

4. 의사소통의 중요성
활동을 하면서 서로 소통하는 것이 중요해요. '어떻게 쌓을지', '누가 먼저 할지' 등을 계속해서 대화로 결정하는 과정에서 협력이 이뤄져요.

5. 인내심과 협력의 지속성
탑을 쌓는 활동은 시간이 걸릴 수 있고 중간에 무너질 수도 있어요. 그럴 때 인내심을 가지고 끝까지 함께하면 협력의 지속성을 배워요.

6. 서로 격려하기
활동 중에 서로 칭찬하고 격려하는 습관이 필요해요.

"이러한 주의점을 강조하면서 종이컵 쌓기 활동을 하면, 자연스럽게 협력의 중요성과 방법을 배울 수 있어요!"

- **협력 그림 그리기**

1. 이야기를 한 문단씩 번갈아 가며 읽습니다.
2. 이야기를 다 읽은 후 두 사람이 번갈아 이야기의 내용을 그림으로 그립니다.

> 이야기

"함께해서 더 강해!"

옛날에 작은 동물들이 사는 아름다운 숲이 있었어요. 그 숲에는 똑똑한 토끼, 힘센 곰, 그리고 날쌘 다람쥐가 함께 살고 있었어요.

그런데 어느 날 숲을 지나가는 강한 바람이 그들의 집을 무너뜨렸어요. "우리의 집을 다시 지어야 해!"라고 토끼가 말했어요. 세 친구는 평소에는 각자 잘 지냈지만, 지금은 함께 문제를 해결해야 했어요. "혼자서 하기엔 너무 힘들어."

고민하던 세 친구 중 곰이 먼저 말했어요. "나는 나무를 쉽게 옮길 수 있어! 내가 큰 나무를 모아 올게!"

그러자 다람쥐가 말했어요. "그럼, 나는 나무 사이를 빨리 움직여서, 나뭇가지를 다듬고 정리할게!"

토끼는 웃으며 말했어요. "그럼, 나는 나무를 이어 붙여서 튼튼한 집을 설계할게. 우리 모두 힘을 합치면 멋진 집을 지을 수 있을 거야!"

세 친구는 각자의 역할을 맡아 일을 시작했어요. 곰은 큰 나무를 힘껏 옮겼고, 다람쥐는 빠르게 나뭇가지를 다듬었어요. 그리고 토끼는 그 나무와 가지를 조립해 집의 구조를 만들었어요.

이틀 후, 세 친구는 힘을 합쳐 새로운 집을 완성했어요. 이번에는 더 튼튼하고 아름다운 집이었죠. 모두가 기뻐하며 집 앞에서 손을 맞잡고 웃었어요.

"혼자였다면 절대 이렇게 좋은 집을 짓지 못했을 거야." 곰이 말했어요.

"맞아! 우리 모두의 힘이 모였기 때문에 가능한 일이었어!" 다람쥐가 덧붙였어요.

토끼는 미소 지으며 말했어요. "우리가 함께하면, 어떤 어려움도 이겨낼 수 있어. 협력이 정말 중요하다는 걸 배웠어."

세 친구는 그날 이후에도 늘 함께 힘을 합쳐 문제를 해결하며 행복하게 살았답니다.

- **서로 가르치기 활동**

1. 아동이 잘하는 것을 다른 친구에게 가르칩니다.
   예) 그림 그리는 법, 신발끈 묶는 법, 친구가 칭찬해 준 나의 장점 등
2. 가르치는 과정에서 서로 협력하며 배우고, 협력의 가치를 경험한 후 나눕니다.

서로 가르치기 활동에서 '잘하는 것이 없다.'고 말하는 아동이 있을 수 있어요. 그런 아동에게는 격려와 자신감을 심어줄 수 있는 말이 필요해요.

1. 작은 것부터 시작해 보기
"모든 사람은 잘하는 게 있어! 꼭 거창한 게 아니어도 돼. 예를 들어 친구들한테 네가 좋아하는 게임이나 놀이도 충분히 가르쳐줄 수 있어."

2. 노력과 잠재력 강조하기
"잘하는 건 꼭 지금 당장 눈에 보이지 않아도 괜찮아. 지금 배우고 있는 것도 있고, 앞으로 더 잘하게 될 것도 많아. 네가 조금씩 발전하고 있다는 게 정말 멋진 거야!"

3. 특별한 재능이 아닌 태도 칭찬하기
"잘하는 건 재능뿐만 아니라 태도도 포함돼. 넌 친구들에게 참 친절해."

4. 다른 사람을 돕는 능력 강조하기
"너는 친구들의 이야기를 잘 들어주고, 친구들이 잘하도록 도와주는 능력이 있어. 그건 큰 장점이야!"

5. 도전하는 마음 응원하기
"새로운 걸 시작할 때는 누구나 잘 하는 게 없다고 느낄 수 있어. 하지만 중요한 건 도전하는 마음이야. 누군가를 가르쳐주면서 새로운 걸 발견할 수 있을지도 몰라!"

6. 작은 성취 인정하기
"넌 이미 여러 가지를 잘하고 있어, 아직 잘 모를 뿐이야. 네가 최근에 해낸 일들도 대단한 거야. 그걸 친구들에게 공유해봐!"

아동에게 자신감을 주고 아동의 작은 성취나 장점도 충분히 가치가 있다는 것을 깨닫게 해준다면, 서로 가르치기 활동에 적극적으로 참여할 수 있을 거예요.

03 마무리

- **정리 및 소감 나누기**

1. 좋았던 것, 배운 것, 아쉬웠던 것, 다음 시간에 바라는 것을 나눕니다.
2. 협력하기는 친구들과의 관계를 좋게 하고 학교나 다른 곳에서도 꼭 필요한 행동임을 알려주고 격려하며 마무리 합니다.

04 활동지 7-1 협력 그림 그리기

"함께해서 더 강해!"

옛날에 작은 동물들이 사는 아름다운 숲이 있었어요. 그 숲에는 똑똑한 토끼, 힘센 곰, 그리고 날쌘 다람쥐가 함께 살고 있었어요.

그런데 어느 날 숲을 지나가는 강한 바람이 그들의 집을 무너뜨렸어요. "우리의 집을 다시 지어야 해!"라고 토끼가 말했어요. 세 친구는 평소에는 각자 잘 지냈지만, 지금은 함께 문제를 해결해야 했어요. "혼자서 하기엔 너무 힘들어."

고민하던 세 친구 중 곰이 먼저 말했어요. "나는 나무를 쉽게 옮길 수 있어! 내가 큰 나무를 모아 올게!"

그러자 다람쥐가 말했어요. "그럼, 나는 나무 사이를 빨리 움직여서, 나뭇가지를 다듬고 정리할게!"

토끼는 웃으며 말했어요. "그럼, 나는 나무를 이어 붙여서 튼튼한 집을 설계할게. 우리 모두 힘을 합치면 멋진 집을 지을 수 있을 거야!"

세 친구는 각자의 역할을 맡아 일을 시작했어요. 곰은 큰 나무를 힘껏 옮겼고, 다람쥐는 빠르게 나뭇가지를 다듬었어요. 그리고 토끼는 그 나무와 가지를 조립해 집의 구조를 만들었어요.

이틀 후, 세 친구는 힘을 합쳐 새로운 집을 완성했어요. 이번에는 더 튼튼하고 아름다운 집이었죠. 모두가 기뻐하며 집 앞에서 손을 맞잡고 웃었어요.

"혼자였다면 절대 이렇게 좋은 집을 짓지 못했을 거야." 곰이 말했어요.

"맞아! 우리 모두의 힘이 모였기 때문에 가능한 일이었어!" 다람쥐가 덧붙였어요.

토끼는 미소 지으며 말했어요. "우리가 함께하면, 어떤 어려움도 이겨낼 수 있어. 협력이 정말 중요하다는 걸 배웠어."

세 친구는 그날 이후에도 늘 함께 힘을 합쳐 문제를 해결하며 행복하게 살았답니다.

갈등, 문제 아닌 기회!

01 목적 갈등 이해하기

02 목표 갈등의 개념을 이해한다.

갈등의 원인과 그 결과를 탐색하며, 서로 다른 의견을 존중하는 태도를 배운다.

03 준비물 아동용 활동지, 색 펜이나 색연필, 가위, 테이프, 네임펜, 감정카드

여우와 두루미 이야기, 플라스틱 숟가락

 활동내용

01 도입

- **협력의 경험 나누기**
  - 지난 일주일 동안 가족이나 친구들과 협력했던 이야기를 나눕니다.
  - 협력한 경험에 대해 설명하고 그때의 감정이나 생각을 이야기 합니다.
  - 친구와의 좋은 관계를 위해 '협력하기'가 왜 필요한지 정리해 봅니다.

- **아이스브레이킹 활동하기**
  ⇒ [부록]의 아이스브레이킹 활동을 선택해도 좋아요.

친구 사귀기편

02 전개

여우와 두루미 이야기

옛날에 여우와 두루미가 살았어요. 둘은 좋은 친구였어요. 어느 날 여우가 두루미를 저녁 식사에 초대했어요. 여우는 맛있는 수프를 얇고 넓은 접시에 담아 두루미에게 대접했어요. 하지만 두루미는 긴 부리 때문에 수프를 먹을 수 없었어요. 여우는 혼자서 맛있게 수프를 먹으며 두루미를 보고 웃었어요.

두루미는 속으로 조금 서운했지만 아무 말도 하지 않고 다음 번에 여우를 자신의 집으로 초대했어요. 두루미는 긴 목과 부리에 딱 맞는 길쭉한 병에 수프를 담아 여우에게 대접했어요. 이번에는 여우가 수프를 먹을 수 없었어요. 두루미는 자신의 식사를 즐기며 여우를 보고 미소를 지었어요.

그제야 여우는 자신의 잘못을 깨닫고 두루미에게 사과했어요. 그 후로 두 친구는 서로를 배려하며 더욱 친하게 지냈답니다.

- **여우와 두루미 이야기**

1. 그림을 활용하여 이야기를 들려줍니다.
2. 질문하기를 통해 여우와 두루미의 갈등에 대해 이야기 나누어 봅니다.
3. 자신의 입장만 생각해서 상대에게 준 불편이 무엇이었는지 알아봅니다.
4. 나와 다른 점을 인정하고 상대방을 배려하였을 때 상대방의 감정과 느낌을 감정카드에서 찾아봅니다.
5. 내가 경험했던 갈등에 대해 자유롭게 이야기 합니다.

- **OX 퀴즈를 풀어봐요!**

1. 플라스틱 숟가락에 퀴즈 내용을 적어둡니다.
2. 바닥에 O, X 판을 붙입니다.
3. 순서를 정합니다.
4. 순서에 해당하는 아동이 차례대로 숟가락을 하나 뽑아 내용을 읽어줍니다.
5. 나머지 친구들은 생각해보고 O, X 판에 올라갑니다.
6. 선생님이 정답을 말해주고 맞춘 친구들에게 내용을 정리할 수 있게 기회를 줍니다.
7. 연령(학년)이나 수준에 맞게 퀴즈의 개수를 조절하여 사용합니다.

- **갈등 퀴즈 질문과 설명**

Q. 갈등은 친구 사이에서만 발생할 수 있다. (X)
- 갈등은 친구, 가족, 선생님 등 사람들과의 다양한 관계에서 발생할 수 있습니다.

Q. 갈등을 무조건 피하는 것이 가장 좋은 해결책이다. (X)
- 갈등을 피하기보다는 적극적으로 문제를 해결하는 것이 더 좋습니다.

Q. 갈등은 언제나 나쁜 결과만 가져온다. (X)
- 갈등을 잘 해결하면 긍정적인 결과를 가져올 수 있습니다.

Q. 화가 나면 상대방의 말을 듣지 않아도 된다. (X)
- 화가 나도 상대방의 말을 끝까지 들어야 갈등을 해결할 수 있습니다.

Q. 갈등을 해결할 때 서로의 감정을 존중하는 것이 중요하다. (O)
- 감정을 무시하면 갈등이 더 커질 수 있기 때문에 서로의 감정을 존중하는 것이 중요합니다.

Q. 갈등이 생겼을 때는 상대방을 비난해야 한다. (X)
- 상대방을 비난하기보다는 문제를 함께 해결하려는 태도가 필요합니다.

Q. 문제를 해결하기 전에 서로의 입장을 이해하는 것이 필요하다. (O)
- 서로의 입장을 이해하지 않고는 문제를 해결하기 어렵습니다.

Q. 상대방이 내 말을 듣지 않을 때는 소리치면 된다. (X)
- 소리치는 것은 갈등을 더 악화시킬 수 있으므로 차분히 대화하는 것이 중요합니다.

Q. 한 사람이 항상 옳을 수는 없기 때문에 타협이 필요하다. (O)
- 갈등 상황에서는 서로의 의견을 조율하는 타협이 필요할 때가 많습니다.

Q. 갈등이 해결되지 않으면 선생님이나 어른에게 도움을 요청할 수 있다. (O)
- 혼자서 해결하기 어려운 갈등은 어른의 도움을 받는 것이 좋습니다.

Q. 갈등을 해결할 때는 내가 이기는 것이 가장 중요하다. (X)
- 이기는 것보다 문제를 협의해서 해결하는 것이 중요합니다.

Q. 친구와 갈등이 생겼을 때 대화보다는 무시하는 것이 더 낫다. (X)
- 무시하는 것은 갈등을 더 악화시킬 수 있으며 대화가 문제 해결의 시작입니다.

- **감정카드를 활용해 갈등 상황 말하기**

1. 감정카드 중 자신이 경험하거나 생각해 본 갈등 상황에 해당하는 카드를 고릅니다.
2. 카드를 펼쳐놓고 자신의 경험이나 생각나는 갈등 상황에 대해 이야기 나누고 감정을 말합니다.
3. 친구가 갈등 상황에 대해 이야기 할 때 공감하는 말을 포스트잇에 적어 친구에게 줍니다.
4. 친구들이 적어 준 공감 포스트잇을 보며 친구에게 받은 감정을 이야기 나눕니다.
5. 선생님은 갈등이 생겼을 때 상대방의 감정을 공감하는 것이 중요함을 강조합니다.

"감정카드를 활용할 때는 주어진 시간에 따라 1-2회 반복해 다양한 갈등 상황에 대해 이야기를 나누어 보아요!"

"아동이 갈등에 대해 말하기를 어려워하면 먼저 상황 예시를 들어주는 것이 좋아요. 아동이 경험한 갈등 상황은 언어적·신체적 공격, 사물 소유 및 우선권 다툼, 소외감, 의견 불일치, 집단참여 거부, 규칙 위반에 관련된 경우가 많아요. 미리 준비해두면 좋아요!"

- 갈등상황에 있는 친구에게 공감해주는 표현

"너의 말이 이해돼." / "네가 그런 기분이 들었을 것 같아."

"그 상황이 얼마나 힘들었을지 상상이 가."

"나라도 그랬을 거야." / "네가 왜 그렇게 느꼈는지 알 것 같아."

"그런 상황이면 누구라도 그렇게 생각했을 거야."

"네가 얼마나 노력했는지 알겠어." / "그게 얼마나 중요한지 느껴져."

"많이 속상했겠다." / "네 마음을 알겠어."

"너의 입장에서 생각해 보니 충분히 이해돼."

"그런 일이 생기면 나도 불안할 것 같아."

"네가 겪었을 감정을 나도 느낄 수 있을 것 같아."

"그게 네게 얼마나 중요한지 알겠어."

"네 말에 동의해." / "너의 입장을 충분히 이해해."

- **정리 및 소감 나누기**

1. 좋았던 것, 배운 것, 아쉬웠던 것, 다음 시간에 바라는 것을 나눕니다.
2. OX 퀴즈에서 생각나는 내용을 하나씩 말하고 마무리 합니다.

04
활동지 8-1　여우와 두루미 이야기

04
활동지 8-2   OX 퀴즈 판

갈등? 함께하면 답이 보여요

| 01 | **목적** | 갈등 해결 전략 알기 |

| 02 | **목표** | 갈등 해결을 위한 구체적인 문제 해결 전략을 배운다. |
| | | 단계별 해결책을 도출하는 훈련을 한다. |

| 03 | **준비물** | 아동용 활동지, 색 펜이나 색연필, 가위, 풀, 포스트잇 |

 활동내용

01 도입

- **갈등 경험 나누기**
  - 지난 일주일 동안 갈등이 발생했던 경험에 대해 이야기하고 어떻게 해결했는지 나누어 봅니다.
  - 다양한 공감 표현에 대해 하나씩 말해봅니다.

- **아이스브레이킹 활동하기**
  ⇒ [부록]의 아이스브레이킹 활동을 선택해도 좋아요.

친구 사귀기편

02 전개

- **공감 선긋기 활동**

1. 선생님이 활동지 왼쪽에 있는 비난형 문장을 읽습니다.
2. 비난형 문장에 따른 공감형 문장을 찾아 선을 연결하도록 지도합니다.
3. 각 문항에 해당하는 내용을 선생님이 정리해서 다시 말해줍니다.

"비난형 문장을 긍정형 문장으로 바꾸는 데에는 공감 표현이 중요한 역할을 해요! 공감을 통해 상대방의 감정을 인정하고, 부정적인 감정을 긍정적인 대화로 전환할 수 있어요!"

- **공감 활동지 활용을 위한 설명**

비난형	"왜 그렇게 했어?"
긍정형	"그때 어떤 상황이었는지 궁금해. 네가 어떻게 느꼈는지 이야기해 줄 수 있어?"
의도	상대방의 감정을 인정하기 위한 질문내용입니다.

비난형	"도대체 왜 이렇게 했어?"
긍정형	"이 문제를 어떻게 해결할 수 있을지 함께 생각해 보자."
의도	생각이 다른 문제를 감정이 아니라 문제에 집중해 해결하기 위한 감정 읽어주기 질문내용입니다.

비난형	"왜 그런 결정을 했어?"
긍정형	"그 결정을 내릴 때 어떤 생각을 했는지 알고 싶어."
의도	동기를 파악하기 위한 질문내용입니다.

비난형	"결과가 왜 이래?"
긍정형	"그 결정을 내릴 때 어떤 생각을 했는지 알고 싶어."
의도	동기를 파악하기 위한 질문내용입니다.

비난형	"결과가 왜 이래?"
긍정형	"이 결과가 나왔을 때 어떤 어려움이 있었는지 알고 싶어. 네가 얼마나 노력했는지도 듣고 싶어."
의도	결과에 대한 상대방의 노력을 인정해주고 어려움을 알고 싶은 질문내용입니다.

비난형	"결과가 왜 이래?"
긍정형	"어떤 부분이 어렵게 느껴졌는지 이야기해 줄래? 함께 해결책을 찾아보자."
의도	실수를 이해하고 함께 해결하기 위한 질문내용입니다.

비난형	"왜 잘못했어?"
긍정형	"이 상황을 개선하기 위해 우리가 어떻게 같이 노력할 수 있을까?"
의도	협력하여 해결하기를 원하는 질문내용입니다.

비난형	"왜 이렇게 엉망이야?"
긍정형	"그 결정을 내릴 때 어떤 생각을 했는지 알고 싶어."
의도	동기를 파악하기 위한 질문내용입니다.

비난형	"왜 그때 그런 실수를 했어?"
긍정형	"다음에 비슷한 상황이 온다면 어떻게 대처할 수 있을까?"
의도	과거보다는 미래에 집중하는 질문내용입니다.

비난형	"왜 나를 무시해?"
긍정형	"네가 나에게 어떤 감정을 느꼈는지 알고 싶어. 더 나은 대화를 나눌 수 있는 방법이 있을까?"
의도	대화를 유도하기 위한 질문내용입니다.

비난형	"왜 매번 같은 실수를 반복해?"
긍정형	"이번 경험에서 무엇을 배웠어? 앞으로 어떻게 바꿔나갈 수 있을까?"
의도	실수보다는 성장에 집중하는 질문내용입니다.

비난형	"왜 그런 말을 했어?"
긍정형	"그 말을 하게 된 이유가 있겠지? 네 생각을 더 자세히 듣고 싶어."
의도	결과보다는 의도를 파악하기 위한 질문내용입니다.

- **실제 갈등 상황에 적용해보기**

1. 갈등 상황 카드 중 1개를 고릅니다.
2. 아동에게 갈등 상황을 설명할 수 있도록 지도합니다.
3. 설명을 한 아동은 내용 중 한 역할을 맡아 감정을 표현해 봅니다. 이때 다른 아동은 말하는 아동의 이야기를 잘 들어주고 공감 표현을 해 주도록 제안합니다.
4. 경청한 아동은 문제를 해결하기 위한 방법을 말하거나 포스트잇에 적어보고 의견을 나눕니다.
5. 선생님은 해결을 위해 제안한 내용을 정리하여 설명하고 아동에게 선택할 수 있도록 한 뒤, 해결된 미래를 예상해서 말하게 합니다.

 · 갈등 상황 사례 예시

[학교 급식실에서 줄을 서는데, 효민이가 준이를 새치기했다. 준이는 이를 문제 삼고, 효민이는 다음 시간이 체육수업이라 빨리 먹고 체육복 갈아입어야 한다고 설명하는 상황일 때 어떻게 하는 게 좋을까?]

공감을 통해 서로의 입장을 이해하고, 해결할 수 있도록 전략을 가르쳐 주면 도움이 돼요.

1. 감정 인정하기
먼저 준이와 효민이의 감정을 인정해 줍니다. 준이는 새치기를 당해 기분이 나빴을 수 있고 효민이는 체육수업 때문에 빨리 먹어야 한다는 부담을 느끼고 있을 거예요.
예) "준이는 새치기를 당해서 속상했겠네. 효민이는 빨리 먹고 준비해야 해서 걱정됐구나."

2. 서로의 이야기를 들어주기
두 사람 모두 자신의 이야기를 할 수 있도록 기회를 줘요. 준이는 왜 기분이 나빴는지 효민이는 왜 서두르게 되었는지 말해볼 수 있게 해요.
예) "준이야, 왜 새치기가 문제라고 생각했는지 말해볼래? 효민이는 왜 줄을 새치기해서 서게 됐는지 설명해줄래?"

3. 공감 표현하기
두 친구의 입장을 공감해 줘요. 준이가 새치기를 당해 기분이 나빴을 수 있고 효민이도 체육수업 때문에 시간이 부족해서 걱정했음을 이해해요.
예) "준이가 기분 나쁜 게 이해돼. 새치기 당하면 속상하지. 그리고 효민이도 체육복 갈아입을 시간이 부족해서 급했을 수 있겠네."

4. 해결책 함께 찾기
이번 상황에서 두 사람 모두 만족할 수 있는 방법을 찾아보아요. 효민이가 빨리 식사할 수 있도록 도와주면서 준이의 기분도 나아질 수 있는 해결책을 생각해볼 수 있어요.
예) "효민이가 먼저 먹고 빨리 체육수업을 준비할 수 있도록 이번에는 양보해주는 건 어떨까? 대신 다음번에는 준이 차례를 꼭 지켜주는 걸로 할까?"

5. 타협하고 양보하기
서로 양보할 부분을 찾아 타협하고 다음에는 새치기를 하지 않도록 약속해요.
예) "이번엔 효민이가 먼저 먹고, 다음번엔 준이 차례를 꼭 지키는 걸로 하자. 그리고 앞으로는 모두가 규칙을 지키면 좋겠다."

6. 결과 확인하고 약속 지키기

결정한 해결책이 모두에게 괜찮은지 확인하고, 앞으로 서로 약속을 잘 지키기로 다짐해요.
예) "이 방법이 괜찮으면 그렇게 하고 다음번에는 서로 줄을 지키기로 약속하자."

서로의 입장을 이해하고 갈등을 평화롭게 해결하는 전략을 가르쳐 주세요.

- **갈등 상황 연습 교재**

  1. 놀이기구 차례 다툼 – 서로의 입장을 듣고, 공평한 해결책 찾기

놀이터에서 수진이와 민영이가 동시에 그네를 타고 싶어 한다.
수진이는 자신이 먼저 왔다고 주장하고,
민영이는 자신이 더 오래 기다렸다고 말하는 상황

문제 이해	놀이기구를 어떤 순서로 타는 게 좋은지
민영이의 마음	오래 기다렸기 때문에 내가 타고 싶은 마음
수진이의 마음	내가 먼저 왔으니 내가 타고 싶은 마음
해결 방법 1	먼저 온 순서대로 5분씩 번갈아 탄다.
해결 방법 2	가위바위보를 해서 이긴 사람이 방법을 말하는 대로 따른다.
선택한 방법	**먼저 온 순서대로 5분씩 번갈아 가며 탄다.**

2. 모둠 활동 역할 분담 – 서로의 강점을 고려하여 역할을 공정하게 분배하기

학교에서 모둠 활동을 준비하는데,
현지는 자신이 발표를 하고 싶어 하고,
주영이는 자신이 발표를 더 잘할 수 있다고 주장하는 상황

문제 이해	발표를 서로 하고 싶은 마음
현지의 마음	자신이 발표하고 싶은 마음
주영이의 마음	현지보다 발표를 더 잘할 수 있기 때문에 발표하고 싶은 마음
해결 방법 1	가위바위보를 해서 발표할 사람을 정한다.
해결 방법 2	발표하고 싶은 이유를 말하고 두 친구가 느끼는 감정을 서로 공감하고 발표를 나누어 할 수 있도록 한다.
선택한 방법	**발표하고 싶은 이유를 말하고 두 친구가 느끼는 감정을 서로 공감하고 발표를 나누어 할 수 있도록 한다.**

3. 줄 서기에서의 문제 – 순서를 지키는 중요성을 인식하고, 상황을 이해한 후 해결책을 찾기

학교 급식실에서 줄을 서는데 효민이가 준이 앞으로 새치기를 했다.
준이는 이를 문제 삼고 효민이는 다음 시간이 체육수업이라
빨리 먹고 체육복 갈아입어야 한다고 설명하는 상황

문제 이해	친구가 새치기를 한 상황
효민이의 마음	빨리 체육복을 갈아입어야 해서 점심을 빨리 먹고 싶은 마음
준이의 마음	효민이가 새치기를 해서 화가 난 마음
해결 방법 1	서로 이야기를 듣고 입장을 이해한 다음, 오늘은 양보하지만 다음에는 서둘러서 새치기를 하지 않도록 주의를 준다.
해결 방법 2	바쁘더라도 순서를 지킨다.
선택한 방법	**서로 이야기를 듣고 입장을 이해한 다음, 오늘은 양보하지만 다음에는 서둘러서 새치기를 하지 않도록 주의를 준다.**

4. 운동장에서의 갈등 – 상황을 차분하게 설명하고 서로의 감정을 존중하며 해결책 모색하기

축구 경기를 하던 중 준영이가 실수로 현우를 밀치게 되어 현우가 넘어졌다.
현우는 일부러 그런 것이라며 화를 내고
준영이는 실수였다고 변명하는 상황

문제 이해	
준영이의 마음	
현우의 마음	
해결 방법 1	
해결 방법 2	
선택한 방법	

5. 장난감 공유 문제 – 장난감을 번갈아가며 사용하거나 함께 놀 수 있는 방법 찾기

수미와 초영이가 같은 장난감을 동시에 가지고 놀고 싶어 한다.
둘 다 양보하지 않고 다투기 시작한 상황

문제 이해	
수미의 마음	
초영이의 마음	
해결 방법 1	
해결 방법 2	
선택한 방법	

6. 자리 문제로 인한 다툼 – 자리에 대한 고집을 줄이고 상황을 이해하며 협력적인 해결 방안 찾기

학원에서 연우가 항상 앉던 자리에 정민이가 먼저 앉아 있다.
연우는 그 자리를 자신이 먼저 맡았다고 주장하며
불만을 드러내는 상황

문제 이해	
연우의 마음	
정민이의 마음	
해결 방법 1	
해결 방법 2	
선택한 방법	

친구 사귀기편

7. 그림 도구를 함께 사용하기 – 도구를 나누어 사용하는 방법을 모색하거나 번갈아 사용할 수 있는 해결책 찾기

미술 시간에 태형이와 지민이가 같은 색깔의 크레파스를 사용하고 싶어 한다.
한정된 도구를 놓고 다툼이 발생한 상황

문제이해	
태형이의 마음	
지민이의 마음	
해결방법 1	
해결방법 2	
선택한 방법	

8. 게임 규칙 다툼 – 게임 규칙을 다시 확인하고 합리적으로 결정하는 법 배우기

친구들과 하는 게임에서 정국이와 윤기가 규칙을 두고 다툰다.
윤기는 자신이 기억하는 규칙이 맞다고 주장하고,
정국이는 자신이 맞다고 말하며 서로 양보하지 않는 상황

문제이해	
윤기의 마음	
정국이의 마음	
해결방법 1	
해결방법 2	
선택한 방법	

친구 사귀기편

9. 학용품 빌려주기 – 서로의 입장을 이해하고, 물건을 빌리거나 빌려줄 때 서로의 필요를 고려한 해결책 찾기

남준이가 석진이에게 지우개를 빌려달라고 했으나,
석진이는 여러 번 빌려주었고 다시 빌려주기 싫다고 말한다.
남준이가 계속 부탁하며 다툼이 발생한 상황

문제 이해	
석진이의 마음	
남준이의 마음	
해결 방법 1	
해결 방법 2	
선택한 방법	

10. 자신의 갈등 상황 써보기 - 자신이 경험했던 갈등 상황에 대해 쓰고 해결 방법을 생각해 보세요.

자신의 갈등 상황 써보기

문제이해	
OO이의 마음	
OO의 마음	
해결방법 1	
해결방법 2	
선택한 방법	

03 마무리

- **정리 및 소감 나누기**

1. 좋았던 것, 배운 것, 아쉬웠던 것, 다음 시간에 바라는 것을 나눕니다.
2. 갈등을 해결하기 위해서는 어떤 전략이 있는지 말해보고 마무리 합니다.

04
활동지 9-1 공감 선긋기

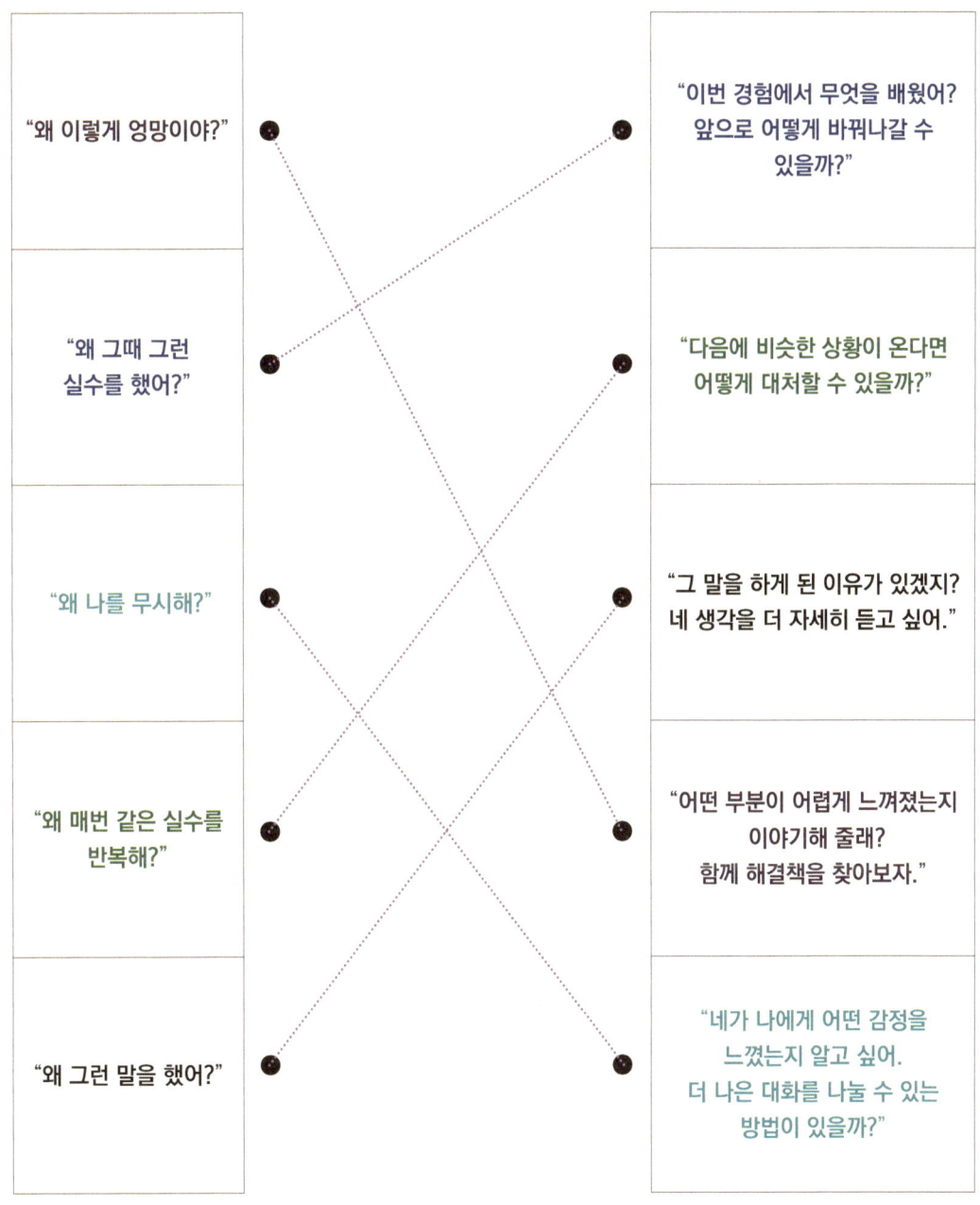

친구 사귀기편 87

04
활동지 9-2 갈등 상황 카드

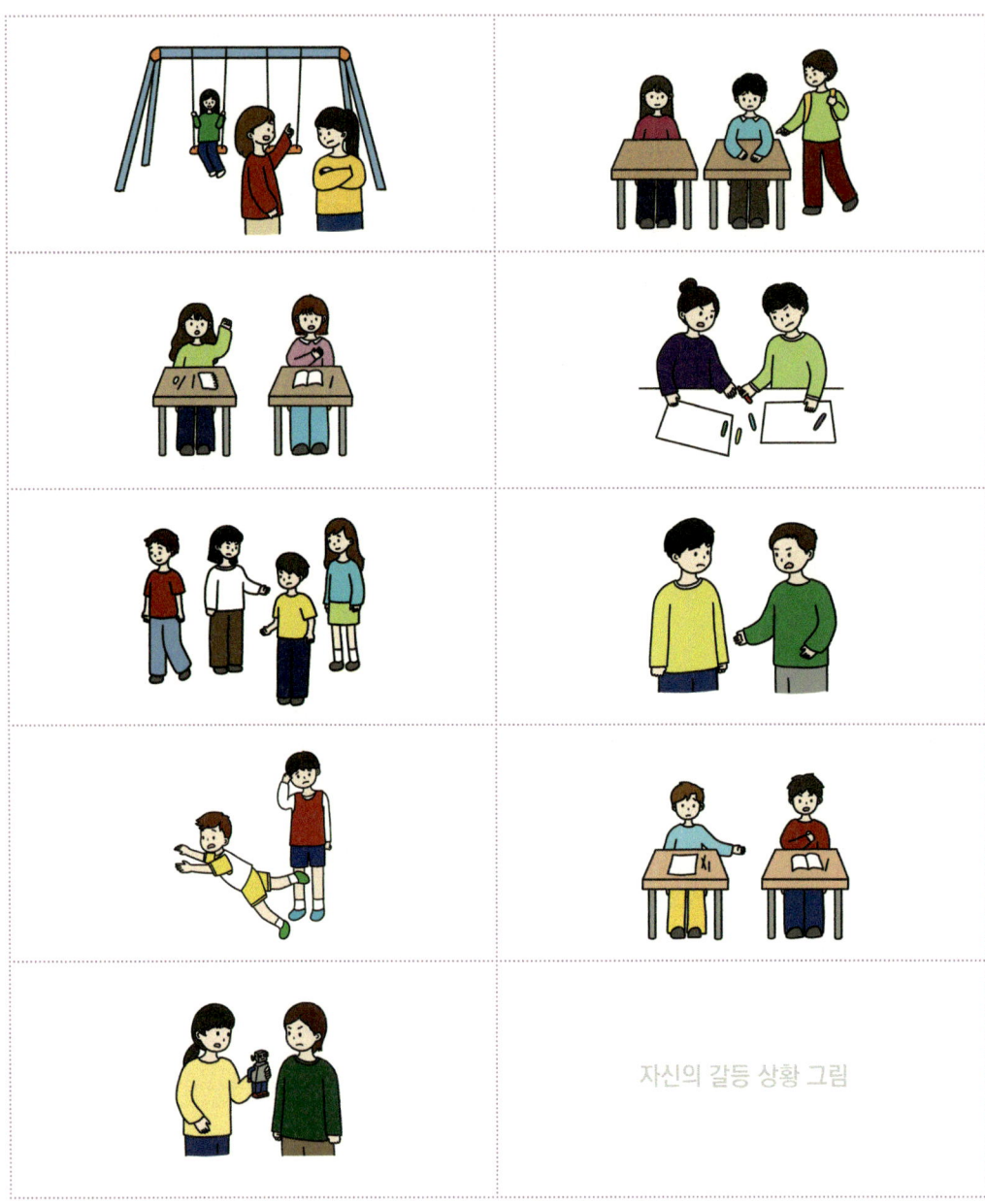

자신의 갈등 상황 그림

건강한 친구를 만들 수 있어요!

01 목적 건강한 친구 관계 만들기

02 목표 친구 관계를 유지하고 강화한다.

친구와 긍정적으로 상호작용하고 배운 내용을 복습하며 적용한다.

03 준비물 아동용 활동지, 색 펜이나 색연필, A4, 도화지, 공이나 풍선

 활동내용

01 도입

- **갈등 상황 해결 방법 나누기**
  - 갈등해결을 위한 문제 해결 전략을 말해봅니다.
  - 공감의 중요성에 대해 이야기 나눕니다.

- **아이스브레이킹 활동하기**
  ⇒ [부록]의 아이스브레이킹 활동을 선택해도 좋아요.

02 전개

- **함께 만드는 우정 포스터**

1. 우정 포스터에 대해서 설명하고, 어떤 주제로 만들지 설명합니다. 예) '좋은 친구가 되기 위해 중요한 것들'
2. 모둠별로 의견을 나누며 포스터를 만들도록 지도합니다.
3. 포스터에 넣을 내용에 대해 아이디어를 내고 그 중에서 넣을 내용을 정리합니다.
4. 포스터에 아동이 생각한 내용을 그림과 글로 표현하고 협력할 수 있도록 지도합니다.
5. 모둠별 또는 개인별로 발표합니다. 어떤 내용을 넣었는지, 왜 그 내용을 선택했는지 설명하도록 지도합니다. 다른 팀의 포스터를 감상하며 칭찬할 수 있도록 진행합니다.
6. 선생님은 포스터에 담긴 친구 관계의 내용을 정리하며 마무리 합니다.

- **마법의 공**

1. 9회기까지의 프로그램 중 생각나거나 참여한 친구와의 좋았던 일, 갈등을 해결했던 일을 공유하며 공(풍선)을 주고받는 게임을 합니다.

- **프로그램 복습 활동**

1. 9회기까지의 활동을 복습합니다. 활동에서 기억이 나거나 좋았던 점, 일상생활에 직접 적용한 경험 등을 이야기 나눕니다.
2. 9회기 동안에 고마웠던 친구와 선생님께 감사함을 표현합니다.
3. 사후검사 또는 소감문을 작성합니다.

회기	활동	
1		
2		
3		활동 중
4		인상깊었던
5		내용을
6		써보세요.
7		
8		
9		

03 마무리

- **정리 및 소감 나누기**

1. 함께 정한 구호를 외치거나 합의된 포옹, 악수나 하이파이브 등으로 마지막 인사를 합니다.

04

활동지 10-1 9회기까지의 활동을 복습해요. 활동에서 기억이 나거나 좋았던 점, 일상생활에 직접 적용한 경험 등을 이야기 나눠요.

회기	활동	
1		
2		
3		
4		활동 중 인상깊었던 내용을 써보세요.
5		
6		
7		
8		
9		

부록
아이스브레이킹

구분	프로그램 제목	활동방법
1	스마일 버튼	1. 개별 아동에게 5개의 스마일 스티커를 나눠줍니다. 2. 5개의 스마일 스티커를 각자 몸에 붙이도록 안내합니다. 이때 속옷을 입는 부위에는 붙이지 않도록 지도합니다. 3. (음악과 함께) 걸어다니면서 친구와 눈이 마주치면 자기소개를 하고 먼저 자기소개한 친구가 다른 친구의 몸에 있는 스마일 스티커를 버튼처럼 누릅니다. 4. 누름을 당한 친구는 "하!하!하!" 소리를 내며 재미있게 웃어주도록 지도합니다.
2	다양하게 인사해요	1. 아동과 함께 다양한 인사법을 정해봅니다. 예: 두 손 모아 인사하기, 발바닥으로 하이파이브 하기, 서로의 무릎을 맞대고 '안녕' 말하기 등. 2. 돌아다니면서 친구를 만나면 다양한 방법으로 인사하도록 지도합니다.
3	진진가 게임	1. 자신의 경험이나 자기를 표현하는 내용에 대한 것을 3가지 생각해 보도록 지도합니다. 2. 포스트잇 한 장에 하나씩 자신에 대한 것을 적습니다. 이때 포스트잇 두 장에는 각각 진짜의 내용을 적고, 하나에는 가짜의 내용을 적도록 합니다. 3. 한 사람씩 자신의 포스트잇에 적힌 내용을 말하도록 합니다. 4. 나머지 아동은 발표한 아동의 내용 중에 가짜의 내용을 찾아냅니다. 5. 발표한 아동은 가짜의 내용이 어떤 것인지 알려줍니다.
4	자기소개 인터뷰	1. 한 아동이 기자가 되어 다른 아동을 인터뷰하는 활동입니다. 2. 각자 친구에게 인터뷰할 내용을 만들어 친구에게 질문을 합니다. 예: 좋아하는 음식은 무엇인가요?, 생일에 받고 싶은 선물은 무엇인가요? 등. 3. 여러 개의 질문을 할 수 있도록 지도해 주세요. 4. 기자는 인터뷰한 내용을 바탕으로 친구소개를 합니다. Tip) 아동이 질문 만들기를 어려워할 수 있으므로 질문 목록을 미리 만들어 제안해 주셔도 좋습니다.

5	알쏭달쏭 점블퀴즈	1. 여러 가지 점블 퀴즈를 준비합니다. 　예: □렁□렁/ □글□글 / □키□□/ □지/ □아□. 2. 가장 먼저 빈칸을 채우는 아동(또는 집단)에게 점수를 줍니다. 3. 재미있는 답이나 창의적인 답도 생각해 볼 수 있도록 지도합니다.
6	동시에 말하기	1. 동시에 말하는 감정 단어를 알아맞히는 활동입니다. 2. 정답을 맞히는 아동 1명을 제외하고 문제를 내는 아동들이 감정 단어의 낱자 하나씩 말하기로 정합니다. 3. 문제를 내는 아동들은 동시에 감정 단어를 말합니다. 　예: '억울하다' 단어를 4명이 한 낱자씩 말합니다. 4. 정답을 맞히는 아동은 잘 듣고 정답을 말합니다. 5. 감정 단어를 맞히지 못하면 감정 단어를 거꾸로 한 사람씩 말해서 힌트를 줍니다.
7	판토마임	1. 포스트잇에 감정 단어를 하나씩 적도록 지도합니다. 2. 적은 감정 단어를 모아 놓고, 가위바위보를 해서 술래를 정합니다. 3. 술래는 감정 단어 하나를 골라, 말하지 않고 몸으로 그 단어를 표현하도록 합니다. 4. 나머지 아동은 술래의 표현을 보고 감정 단어를 알아맞힙니다.
8	지시 카드 따라 하기	1. 아동과 감정 지시 카드를 다양하게 만듭니다. 　예: 즐겁게 하하하 웃기, 신나게 폴짝 뛰기, 즐겁게 몸 흔들기, 흥겹게 춤추기 등. 2. 감정 지시 카드의 내용이 안 보이게 뒤집어 놓습니다. 3. 한 명씩 감정 지시 카드를 골라 그 카드의 지시 내용을 행동으로 표현합니다. 4. 나머지 아동은 그 행동에서 보이는 감정을 말합니다.
9	거울처럼 따라 하기	1. 표정을 따라 하는 활동입니다. 2. 한 명이 모두에게 얼굴이 보이도록 앉아 표정을 지어 보입니다. 3. 나머지 아동은 그 표정을 따라 하도록 지도합니다. 4. 처음 표정을 지은 아동은 자신과 가장 비슷한 표정을 지은 친구에게 다음 거울 역할을 하게 합니다.

10	손병호 게임	1. 손가락을 먼저 다 접는 사람이 지는 게임입니다. 2. 손가락 다섯 개를 펼치도록 합니다. 3. 순서대로 한 명씩 제안을 합니다. 예: 파란 옷 입은 사람, 안경 쓴 사람, 발 사이즈가 200mm이 넘는 사람 등. 4. 제안에 해당되는 사람은 손가락을 하나씩 접어 손가락을 다 접으면 지는 게임입니다.
11	끼리끼리 게임	1. 참여한 아동을 공통점으로 다시 모이게 하는 활동입니다. 2. 선생님이 먼저 조건을 말해 리그룹핑의 예를 말해줍니다. 예: 하얀색 양말을 신은 친구끼리 모여, 생일이 같은 달인 친구끼리 모여, 같은 성별끼리 모여, 같은 혈액형끼리 모여 등. 3. 모인 친구들이 서로의 특징을 이야기 합니다.
12	로꾸꺼 게임	1. 포스트잇을 적당량 나눠줍니다. 2. 주어진 시간 동안 바로 읽고, 거꾸로 읽어도 똑같은 말이 되는 단어를 최대한 많이 쓰도록 지도합니다. 예: 토마토, 기러기, 스위스 등, 저학년인 경우 범주화 단어목록을 활용합니다. 3. 한 명씩 돌아가면서 단어를 말하고, 말한 단어를 목록에서 지워갑니다. 4. 마지막까지 단어가 많이 남은 개인 또는 팀이 이기는 활동입니다.
13	동요 초성 게임 맞추기	1. 미리 동요 제목의 초성을 다양하게 많이 준비합니다. 2. 동요의 초성을 보여주면 모두 합창으로 노래합니다. 예: ㅎㄱㅈㅇ ㄸㄸㄸ → 학교종이 땡땡땡.
14	신문지 접기 게임	1. 노래에 맞추어 돌다가 선생님이 말한 인원수대로 신문지 위에 올라가는 활동입니다. 2. 올라가지 못한 친구는 기다리고 게임을 계속합니다. 3. 마지막까지 남은 친구가 이기는 게임입니다. 4. 신문지 접기 게임을 2~3회 정도 반복해 봅니다. 5. 이 게임을 통해서 (게임을 시작했을 때, 신문지가 점점 작아졌을 때, 게임이 끝났을 때 등) 느낀 감정은 어떤 것들이 있는지 이야기 합니다. [Tip] 신문지 접기 게임은 불쾌한 신체접촉이 생길 수 있으므로 사전에 속옷 입은 부위의 접촉을 주의하라고 알려줍니다.

15	종이컵 쌓기 게임	1. 아동을 두 팀으로 나누어 팀별로 종이컵을 300개 정도 준비합니다. 2. 팀별로 의논하여 하나도 남김없이 종이컵을 쌓도록 지도합니다. 3. 쌓다가 실패할 수도 있음을 알려주고 다시 할 수 있도록 격려해 줍니다. Tip 연령에 따라 종이컵 개수를 조절할 수 있습니다.
16	감정 글씨 그림 그리기	1. 감정 단어를 여러 개 준비합니다. 2. 각자 감정 단어를 하나씩 선택합니다. 3. A4 사이즈 색지에 단어를 크게 쓰고 감정 단어를 다양하게 꾸미도록 지도합니다. 4. 다른 아동에게 자신의 감정 단어 작품을 발표해 봅니다.
17	무궁화 꽃이 피었습니다	1. 술래 한 사람을 정하고, 다른 아동은 모두 멀리 한 줄로 서 있도록 합니다. 2. 술래가 '무궁화 꽃이 피었습니다'하고 뒤돌아보는 사이 다른 아동들은 술래에게 가까이 다가가 술래를 터치하면 끝나는 활동입니다. 3. 원래 알고 있는 '무궁화 꽃이 피었습니다' 게임에 제한 규칙을 정해 추가합니다. 예: 반드시 한 발을 들어야 한다, 오른손은 항상 하늘을 바라봐야 한다 등.
18	멋진 친구는	1. 빈칸을 채워 넣어서 '멋진 친구'에 대해 정의하는 내용을 작성하도록 지도합니다. 예: 멋진 친구는 □□□□□. 2. 작성한 내용을 함께 나누어 이야기해 봅니다.
19	친구랑 나는 한 몸	1. 선생님이 제시한 5~7개 단어를 포스트잇 한 장에 한 단어씩 씁니다. 2. 단어는 긍정적이고 따뜻한 단어들로 미리 준비합니다. 예: 사랑, 친절, 감사 등. 3. 단어를 쓴 포스트잇을 몸에 붙입니다. 4. 노래를 부르다가 선생님이 '사랑' 외치면 사랑이 쓰여 있는 포스트잇이 닿도록 몸을 움직입니다.

참고문헌

- 강정은, 김정준(2018). 그림책을 활용한 인성교육활동이 유아의 갈등인식 및 해결방법과 배려적 사고에 미치는 효과. 어린이미디어연구, 17(1), 85-106.
- 고정완, 최미숙(2016). 상황역할극 중심의 안전교육이 유아의 안전문제해결사고와 자기 조절력에 미치는 영향. 아동교육, 25(3), 117-133.
- 김수현(2013). 초등학생의 공감 능력과 대인관계가 학교생활 적응에 미치는 영향. 이화여자대학교 교육대학원 석사학위논문.
- 김은순(2019). 부모양육태도가 또래관계 및 심리적 안녕감에 미치는 영향: 공감의 역할. 경남대학교 교육대학원 석사학위논문.
- 김정민, 송수진, 박성훈(2019). 초등학생의 또래관계 향상을 위한 사회성 훈련 프로그램의 효과. 한국심리학회지: 학교 교육, 16(2), 123-140.
- 김진영(2007). 학령기 아동의 또래 간 갈등 해결 프로그램의 효과. 국민대학교 대학원 박사학위논문.
- 박미경(2016). 갈등해결 집단상담 프로그램이 학교폭력 경험 초등학생의 학급응집력과 교우관계 만족도에 미치는 영향. 전주교육대학교 교육대학원 석사학위논문.
- 박소영, 이정민(2018). 경계선 지능 아동의 사회적 적응력 향상을 위한 협력적 놀이 프로그램의 효과. 한국아동복지학, 34(2), 145-162.
- 박현주, 백경희(2021). 경계선 지능 아동의 사회적 기술 훈련 프로그램 개발 및 효과 연구. 특수교육학연구, 34(1), 45-67.
- 신지예, 홍성두(2016). 정서지능 교육프로그램이 초등학생의 대인관계 문제해결능력에 미치는 영향. 한국초등교육, 27(3), 173-190.
- 신혜지(2024). 갈등 상담 챗봇 제작 프로그램이 초등학생의 컴퓨터사고력과 갈등해결능력에 미치는 효과. 서울교육대학교 교육전문대학원 석사학위논문.
- 윤채영(2009). 초등학생의 또래 칭찬활동 프로그램이 자아존중감 및 대인관계에 미치는 효과. 춘천교육대학교 교육대학원 석사학위논문.
- 이성진(2017). 학령기 아동의 공감능력과 또래수용도의 관계. 이화여자대학교 교육대학원 석사학위논문.
- 이신애(2016). 또래칭찬활동 프로그램이 초등학생의 교우관계와 학습동기에 미치는 영향. 서울교육대학교 교육대학원 석사학위논문.

- 이지은, 박영선, 정성희(2020). 초등학생 사회성 발달을 위한 놀이치료 프로그램의 개발과 효과. 아동발달연구, 41(3), 211-234.
- 주재은(2020). 그림책을 활용한 갈등상황 토의활동이 유아의 또래갈등 해결전략에 미치는 영향. 덕성여자대학교 교육대학원 석사학위논문.
- 차영남(2015). 도덕과 교육과정과 연계된 사회성 향상 프로그램이 지적장애 초등학생과 통합학급 또래학생의 사회적 기술과 교우관계 및 대인문제해결능력에 미치는 영향. 이화여자대학교 교육대학원 석사학위논문.
- 최경희(2014). 초등학생의 또래관계에서 공감과 자기표현이 친사회적 행동에 미치는 영향. 대구가톨릭대학교 대학원 박사학위논문.
- 한정미, 김지현(2021). 초등학생의 사회성 증진을 위한 미술치료 프로그램 개발과 적용. 한국예술치료학회지, 17(1), 85-107.
- Ciarrochi, J., Parker, P. D., Sahdra, B. K., Kashdan, T. B., Kiuru, N., & Conigrave, J. (2017). When empathy matters: The role of sex and empathy in close friendships. Journal of Personality, 85(4), 494-504.
- Gresham, F. M., & Elliott, S. N. (2018). Social skills interventions for children with borderline intellectual functioning: A meta-analysis. Journal of Special Education, 52(1), 3-14.
- Hoza, B., Gerdes, A. C., & Mrug, S. (2020). The effects of peer acceptance and friendship quality on the social skills of children with borderline intellectual functioning. Developmental Psychology, 56(6), 1024-1036.
- McConnell, S. R., & Odom, S. L. (2017). The social inclusion of children with intellectual disabilities: A review of interventions. Exceptional Children, 84(3), 241-259.
- Schneider, B. H., & Bullock, J. R. (2019). Peer relationships and social skills in children with borderline intellectual disabilities: A longitudinal perspective. Journal of Applied Developmental Psychology, 64(2), 45-60.
- Vaughn, B. E., & Santos, A. J. (2020). Social competence and peer relationships in children with intellectual disabilities: A review of the literature. International Journal of Behavioral Development, 44(4), 297-309.

저자 소개

백현주

성균관대학교 석사, 박사 (아동청소년 상담 및 임상심리 전공)
임상심리사 1급, 청소년상담사 2급, 전문상담교사 2급
아동권리보장원 경계선지능아동 심리정서지원 사업 교육강사 및 슈퍼바이저
보건복지부 드림스타트 교육강사 및 슈퍼바이저
전두엽프리즘 대표

이승미

단국대학교 석사 (정서 및 자폐성장애아교육 전공)
인지학습상담전문가, 인지행동심리상담사 1급
아동권리보장원 경계선지능아동 심리정서지원 사업 슈퍼바이저

김향숙

동국대학교 이학박사 (아동가족학 전공)
명지대학교 통합치료대학원 예술심리치료학과 겸임교수
명우임상심리연구소 소장

느린학습자를 위한
사회성 프로그램
친구 사귀기편 교사용

2024년 10월 25일 1판 1쇄

지은이 • 백현주 이승미 김향숙

그 림 • 유정민

편 집 • 이채은

감 수 • 안선주

펴낸이 • 최은석

펴낸곳 • 배움의숲
       010.9850.5412
       50386 서울특별시 강동구 풍성로35길 19 지층

등록번호 • 제 251-0020-23000011 호

ISBN 979-11-93456-18-7

정가 25,000원
이 책을 무단으로 전재하거나 복제할 경우 저작권법에 따라 처벌을 받게 됩니다.

□ 기초인지 한걸음 시리즈

| 주의집중편 | 주의집중편 | 작업기억편 | 작업기억편 |
| 교사용 | 아동용 | 교사용 | 아동용 |

□ 기초학습 한걸음 시리즈

수의 체계편/
수와 연산편
교사용

수의 체계편
아동용

수와 연산편
아동용

도형편
교사용

도형편
아동용

기타 수학편
교사용

기타 수학편
아동용

읽기편
교사용

읽기편
아동용

쓰기편
교사용

쓰기편
아동용

한글 다문화편
교사용

한글 다문화편
아동용

읽고 쓰기 다문화편
교사용

읽고 쓰기 다문화편
아동용

□ 사회성 프로그램 시리즈

감정편
교사용

감정편
아동용

의사소통편
교사용

의사소통편
아동용

친구 사귀기편
교사용

친구 사귀기편
아동용

의사소통 UP!
감정카드